KB230543

세금 일타강사
소은쌤의

돈 버는 세금 공부

세금 일타강사
소은쌤의

돈 버는 세금 공부

프롤로그

"세무사님, 이거 하나만 물어봐도 될까요?"

세무사사무소를 막 개업한 2016년, 저는 사업자들이 세금 걱정 때문에 얼마나 많은 밤을 지새우는지 잘 몰랐습니다. 상담하러 온 분들의 표정에는 늘 불안이 가득했습니다. 종합소득세 신고기간만 되면 전화는 쉴 새 없이 울렸고, 늘 비슷한 질문들이 반복됐죠.

"이 비용은 경비처리가 되나요?"

"부가세 신고를 깜빡했는데 어떡하죠?"

"세금 폭탄 맞을까 봐 무서워요."

사업을 한다는 것은 늘 선택의 연속이고, 그 선택에는 언제나 불안이 따라옵니다. 저 역시 사업을 하면서, 사업자분들이 매 순간 얼마나 많은 고민을 안고 결정을 내리는지 가까이에서 지켜봐 왔습니다. 수천 명의 사장님들을 만나며 스스로에게 끊임없이 물었습니다.

"세무사로서, 나는 무엇을 도울 수 있을까."

그때 깨달았습니다. 문제는 세금 자체가 아니라 '정보 부족'이라는 것을요. 그래서 2024년, 작은 도전을 하기로 했습니다. 열심히 사업을 꾸려가면서 세금 때문에 답답한 사업자들을 위해, 고객사로부터 매일 받는 질문들을 정리해 짧은 영상으로 만들어 유튜브와 인스타그램에 올리기 시작한 것입니다. 예를 들면 "직원 한 명 뽑으면 세금 얼마나 줄어들까?", "카니발 뽑으면 얼마나 이득일까?" 같은 영상들이었습니다.

처음엔 조회 수나 반응이 크지 않았습니다. 그렇지 않아도 바쁜 세무 업무 틈틈이 PD님과 함께 기획하고 촬영까지 하는 일은 결코 쉬운 일이 아니었습니다. 하지만 많은 분들께 작은 도움이라도 드리고 싶은 마음으로 세무 콘텐츠들을 묵묵히 제작을 해서 업로드했죠. 그러다 제 마음이 가 닿았는지 조금씩 반응이 생기기 시작했고, 2025년 말 누적 1,500만 뷰를 달성했습니다.

'세금 인플루언서'라는 낯선 타이틀을 얻게 된 것도 감사하지만, 더 기뻤던 건 '10년 사업했는데 이걸 이제야 알았네요', '세무사님 덕분에 세금 환급 받았어요', '이런 걸 왜 아무도 쉽게 설명해 주지 않았을까요?'와 같이 사업자분들의 진심 어린 의견들이었어요. 세무사를 처음 시작했을 때, 그리고 처음 세무 콘텐츠 영상을 만들어 올릴 때, '많은 사업자분들이 세금 걱정 없이 일을 할 수 있게 도움을 드리고 싶다' 했던 저의 꿈이 실현된 것이니까요.

　세금, 결코 어렵지 않습니다. 단지, 그동안 아무도 쉽게 설명해주지 않았을 뿐입니다. 이 책은 지난 10년간 세무사사무소를 운영하며 만난 수천 명의 사업자들이 실제로 궁금해했던 질문들에 대한 답입니다. '소득세법 제OO조' 하는 식의 어려운 세법 설명이 아니라 가장 많은 사업자들이 궁금해하고, 지금 당장 쓸 수 있는 살아있는 세금 지식만 모아 이해하기 쉽게 담았습니다.

　처음 사업을 시작하는 분이라면, 사업자등록 전에 차근차근 읽어 보세요. 창업 단계부터 체계적으로 세무 설계를 할 수 있습니다. 이미 사업을 시작했다면, 필요할 때마다 궁금한 내용만 찾아서 읽어도 좋습니다. 부가세 계산부터 비용처리, 종소세 신고, 법인 전환까지 꼭 필요한 내용만 뽑았습니다. 세무대리인의 도움을 받고 있어도 기본적인 내용을 알고 있다면, 세액감면, 세액공제 등을 놓치지 않았는지, 불필요한 세금을 내고 있지는 않은지 쉽게 파악할 수 있어요.

　이 책이 나오기까지 참 많은 분들이 도움을 주셨습니다. 2016년, 신입 세무사를 믿고 소중한 사업의 세무를 맡겨주신 고객사 대표님들, 덕분에 현장에서 배우고 많이 성장할 수 있었습니다. 또 늘 든든하게 곁에서 에이블세무회계를 지켜주는 직원들과 영상을 함께 제작한 PD님, 바쁜 세무 업무와 콘텐츠 제작을 병행하느라 지쳐있을 때마다 큰 힘이 됐습니다. 그리고 평일에도 시간을 많이 함께하지 못하는데, 책을 쓰느라 휴일까지 반납해야 했던 저를 이해해 주고 응원해 준 사랑하는 가족에게도 감사의 마음을 전합니다.

무엇보다 제 영상을 보시고 댓글과 질문을 남겨주신 구독자 여러분, 여러분의 반응 하나하나가 이 책을 쓰게 만든 원동력이었습니다. 감사합니다. 질문하셨던 수많은 궁금증들을 한 권의 책에다 담으려고 노력했습니다. 복잡한 세법을 나열하는 사람이 아니라, 세금 걱정을 덜어주는 사람. 사업의 큰 결정에 도움을 줄 수 있는 사람. 사업에만 집중할 수 있도록 뒤에서 묵묵히 받쳐주는 존재. 저는 그것이 세무사의 역할이라고 믿습니다.

사업을 하며 마주하는 수많은 순간마다 "이럴 땐 이렇게 하면 됩니다"라고 말해줄 수 있는, 현실적인 세금 파트너가 되고 싶다는 마음으로 이 책을 썼습니다. 이 책이 수많은 사업자들에게 세금으로 불안한 순간에는 기준이 되어주고, 결정이 필요한 순간에는 방향을 잡아주는 든든한 동반자가 되기를 바랍니다.

2026년 1월,

김소은

차례

PART 3. | 원천세부터 4대보험까지 인건비의 모든 것

PART 6. 법인 전환, 언제 하는 게 좋을까?

Part 01

창업하기 전에

꼭 알아야 할 것들

프리랜서 vs 사업자, 어떤 게 유리할까?

사업을 하려면 사업자등록을 반드시 해야 할까요? 세법에서는 '계속, 반복적으로 물건을 판매하거나 서비스(용역)를 제공한다면 사업자로 보아 사업자등록을 하여야 한다'고 정하고 있습니다.

그러나 디자인 용역이나 유튜브 편집, 프로그램 개발, 크리에이터 등 다양한 직종의 사람들이 프리랜서로 일합니다. 이들은 고정 사업장은 없고 집이나 카페 등에서 자유롭게 업무를 하며 그에 상응하는 용역 대가를 받습니다. 유튜버와 같이 플랫폼을 통해 수익을 정산 받는 경우가 아닌 이상 대부분 지급처로부터 3.3%를 원천징수하여 소득을 지급받습니다. 이를 사업소득이라고 하죠. 이렇게 3.3%를 제외하고 사업소득을 받는 사람들은 매년 5월 종합소득세 신고를 통해 원천징수한 3.3% 세금을 정산합니다. 이에 따라 추가로 납부세액이 발생할 수도 있고 환급세액이 발생할 수도 있습니다.

이렇게 보면 프리랜서로 일하는 게 쉽고 세무 업무도 간편해 보입니다. 그러나 프리랜서의 가장 큰 단점은 세법상 중소기업으로 분류되지 않아 각종 세금혜택을 받을 수 없다는 점입니다. 그래서 프리랜서는 세금을 줄일 수 있는 비용처리에 집중할 수밖에 없습니다. 하지만 사업과 관련된 경비가 매우 적기 때문에 비용처리를 하는 것도 쉽지 않지요. 인적용역 사업자로 분류되기 때문에 제조업이나 도소매업처럼 원재료나 물품을 매입하거나, 커피숍이나 헬스장처럼 임대료가 발생하거나, 인건비가 발생하지 않기 때문에 인정받을 수 있는 경비의 범위가 굉장히 좁습니다.

그래서 특정 업종에 해당하는 프리랜서의 경우, 사업자를 내는 것이 세무적으로 훨씬 유리하다고 설명하곤 합니다. 실제로 사업자등록을 해 종합소득세를 줄인 사례가 굉장히 많습니다.

프리랜서가 사업자를 내면 좋은 점

1. 업무추진비 한도가 증액된다

중소기업의 경우 기업 업무추진비 기본 한도는 3,600만 원입니다. 반면 인적용역 사업자는 1,200만 원으로 매우 낮습니다. 거래처와 관계 개선을 위해 미팅 등을 많이 하는 경우는 사업자등록을 해 기업 업무추진비 한도를 늘리는 것이 좋습니다.

2. 조세특례제한법상 세액감면이 가능하다

우리나라의 일반적인 조세제도는 소득세법이나 법인세법에서 정해지는데, 여기서 정한 과세원칙에 예외를 주는 형태로 특정한 조건을 충족한 사업자에게 한시적으로 세액을 줄여주거나 면제해 주는 특례 규정들을 따로 모아놓은 게 바로 조세특례제한법입니다. 이를 잘 활용하면 업종에 따라 최소 10%에서 최대 100%까지 종합소득세를 감면받을 수 있습니다.

예를 들어 프로그램 개발자를 생각해 볼까요?

연수입이 7,000만 원이고, 실제 경비를 3,000만 원가량 사용했다고 가정하겠습니다(이 중 기업 업무추진비는 1,200만 원 사용).

수입금액	7,000만 원
➖ 필요경비	3,000만 원

🟰 소득금액	4,000만 원

여기서 기본공제, 국민연금 등 소득공제를 차감하여 과세표준이라는 것을 계산합니다. 가정을 쉽게 하기 위해 소득공제는 기본공제 150만 원만 적용해 보겠습니다.

소득금액	4,000만 원	
➖ 기본공제	150만 원	
➕ 과세표준	3,850만 원	

아래 종합소득세 세율을 참고하여 과세표준 3,850만 원에 해당하는 세율(15%)을 곱하고 누진공제를 차감하여 종합소득세를 계산합니다.

종합소득세 세율

과세표준	세율	누진공제
14,000,000원 이하	6%	-
14,000,000원 초과 50,000,000원 이하	15%	1,260,000원
50,000,000원 초과 88,000,000원 이하	24%	5,760,000원
88,000,000원 초과 150,000,000원 이하	35%	15,440,000원
150,000,000원 초과 300,000,000원 이하	38%	19,940,000원

300,000,000원 초과 500,000,000원 이하	40%	25,940,000원
500,000,000원 초과 1,000,000,000원 이하	42%	35,940,000원
1,000,000,000원 초과	45%	65,940,000원

산출세액

= 38,500,000원 x 15% - 1,260,000원

= 4,515,000원

프리랜서라면 산출세액 4,515,000원에서 세액공제 항목들을 차감하여 최종 세액이 결정됩니다. 세액공제를 쉽게 0원이라고 가정하면 최종 결정세액은 4,515,000원입니다. 그러나 만약 이 프리랜서가 소프트웨어개발업으로 사업자를 냈다면, 중소기업 특별세액감면 20%를 적용받아 산출세액의 20%인 903,000원을 감면받습니다. 즉, 사업자를 내기만 해도 최종 결정세액은 3,612,000원으로 줄어드는 것이지요.

만약 프리랜서 본인의 나이가 만 34세 이하이고, 그동안 소프트웨어개발업으로 사업자를 낸 적이 없다면 청년창업감면을 적용받을 수 있습니다. 해당 감면은 50%로 최종 결정세액은 2,257,500원, 절반으로 줄어들게 됩니다.

여기서 더 나아가서 만약 프리랜서 본인의 나이가 만 34세 이

하이고, 소프트웨어개발업으로 사업자를 낸 적이 없고, 사업자등록을 수도권 과밀억제권역이 아닌 지역(예_ 파주, 송도 등)에 냈다면 100% 감면됩니다. 그렇게 되면 최종 납부할 소득세는 0원입니다 (2025년 기준). 개발자 프리랜서는 사업자를 내기만 해도 최소 20%에서 최대 100%까지 종합소득세가 감면되는 것이지요.

미디어컨텐츠창작업으로 분류되는 크리에이터도 마찬가지입니다. 만약 내가 프리랜서로 3.3%를 원천징수하여 소득을 받고 있다면, 반드시 세무 상담을 통해 사업자등록을 하는 것이 유리한지 알아보세요. 안타깝게도 많은 사람들이 프리랜서인 경우, 부가가치세 신고도 안 해도 되고, 종합소득세 신고만 하면 되는 간편함 때문에 절세 혜택을 누리지 못하는 경우가 많습니다. 물론 모든 업종이 해당되는 것은 아닙니다. 보험설계사, 학원강사 등 사업자등록을 해도 감면되지 않는 업종이 있습니다.

개인사업자 vs 법인사업자, 무엇이 더 좋을까?

사업자등록을 하기로 결정했다면, 개인으로 낼지 법인으로 낼지 결정할 차례입니다. 많은 사람들이 개인과 법인의 장단점을 고려하지 않고, 첫 사업의 시작은 무조건 개인으로 하는 경우가 많습니다. 법인은 아무래도 규모가 커야 할 것 같고, 관리도 복잡할 거라는 생각에 진입장벽이 있는 것 같습니다.

저는 처음에 사업자 구조를 어떻게 정하느냐에 따라 세금 인생도 달라진다고 생각합니다. 개인사업자로 처음 사업을 시작하면 최대한 개인사업자를 유지하려고 하는 경우가 많습니다. 아무래도 개인으로 관리하는 것이 법인보다 훨씬 간편하기 때문입니다. 저 또한 신규 사업자등록 상담을 할 때 많은 경우 개인을 추천드립니다. 개인사업자의 장점은 설립이 쉽고, 운영이 간단하며, 사업자를 내는 데 비용이 들지 않기 때문에 여러모로 부담이 적습니다.

그러나 공동사업을 하거나 투자를 받을 예정이다, 혹은 근로소득자이면서 투잡으로 사업자를 낸다면 법인사업자를 추천드립니다. 법인사업자의 가장 큰 장점은 개인 소득과 완벽히 분리되어 관리된다는 점입니다.

어떤 경우 법인사업자를 내면 좋을까요?

1. 공동사업을 하는 경우

공동사업, 즉 동업을 할 때 개인사업자로 하는 경우 해당 사업자 외의 개인 소득이 발생할 때, 합산하여 종합소득세를 계산하게 되기 때문에 세액 자체가 커집니다. 만약 공동사업자와 종합소득세까지 함께 부담하기로 하는 계약을 했다면, 개인 소득으로 인한 종합소득세와 건강보험료 증가로 인해 부담 책임을 서로 회피하다가 안 좋게 끝나는 경우가 많습니다.

공동사업자인 경우 주주관계로 정리하여 법인사업자를 낸다면 개인 소득에 대해서는 합산하지 않기 때문에 종합소득세, 건강보험료 부담 문제에 대해 얼굴을 붉힐 일이 없습니다.

2. 투자를 받아 사업하는 경우

개인사업자는 투자금을 인식하는 계정이 없습니다. 개인사업자의 투자금은 부채로 잡게 되며, 투자금에 대한 수익금을 분배할 경우 이자소득으로 잡힙니다. 따라서 투자한 투자자 입장에서는 이자소득으로 잡히고 해당 이자소득에 대한 원천징수세율도 27.5%로 굉장히 높습니다.

그러나 법인 주주로서 투자자와 주식을 분배한다면, 투자금에 대해서는 자본계정으로 잡게 되며, 투자금에 대한 수익금은 배당으로 분배합니다. 따라서 투자자 입장에서는 배당소득으로 잡히고 배당소득 원천징수세율은 15.4%로 상대적으로 낮은 세율이 적용됩니다.

3. 근로소득자가 투잡으로 사업자등록을 하는 경우

종합소득이란 이자, 배당, 사업, 근로, 연금, 기타소득을 말합니다. 다시 말해 종합소득세는 6가지의 소득을 모두 종합하여 과세하는 것인데요. 만약 회사에서 근무하며 월급을 받고 있다면 이는 근로소득으로 분류가 됩니다. 이때 퇴근 후 알바를 하여 소득을 얻고 있다면 이를 어떻게 신고하느냐에 따라 이중 근로소득이 발생할 수도 있으며, 근로소득과 사업소득이 동시에 발생할 수도 있습니다. 경우에 따라 기타소득으로 신고하는 경우도 있습니다.

알바 소득은 근로소득, 사업소득, 기타소득 어떤 소득으로 신고를 하든 매년 5월 종합소득세 신고를 할 때 회사에서 받은 근로소득과 합산하여 신고해야 합니다. 그렇기 때문에 고연봉자라면 투잡 소득에 대해 높은 종합소득세율이 적용돼 알바비의 절반을 세금으로 낼 수도 있습니다.

퇴근하고 시간을 쪼개서 투잡, 쓰리잡을 했는데 추가소득의 절반가량을 종합소득세로 납부해야 한다면 허무하겠지요? 저는 이럴 경우 차라리 법인을 설립하여 법인 소득으로 잡고 법인에 당분간 묻어놓으라고 말씀 드립니다. 극단적인 예지만 법인에서 개인으로 돈을 한 푼도 빼가지 않는다면 해당 소득세는 0원입니다. 오로지 법인세만 납부하면 됩니다. 법인세는 당기순이익, 즉 수익에서 비용을 차감한 금액이 2억 원 이하인 경우는 10%의 세율로 굉장히 낮습니다. (참고로 개인은 당기순이익이 2억 원이라면 38%가 적용됩니다.)

개인사업자로 할지 법인사업자로 할지에 대한 결정은 사업자의 세금 인생에서 굉장히 중요한 결정입니다. 단순히 개인사업자가 편할 것 같아서 선택하기엔 수업료가 너무 큽니다. 어차피 사업을 오래할 것이라면 언젠가 법인으로 가게 되어 있습니다. 법인을 무조건 어렵다고 회피하지 말고, 법인이 유리한 경우를 살펴보고 해당된다면 법인사업자도 고려해 보세요.

법인사업자가 세금이 적다면서 왜 집은 개인 명의로 사라고 하는 것일까요? 주택의 경우, 법인으로 구입하는 것보다 개인 명의로 구입하는 것이 훨씬 유리하기 때문입니다.

주택을 취득할 때 취득세가 발생하는데요. 개인은 이 취득세가 무주택자가 취득하는 경우 1~3%로 중과되지 않습니다. 반면 법인으로 주택을 구입하는 경우 무려 12%의 취득세가 발생합니다. 주택 수와 상관없이 중과되기 때문입니다.

게다가 개인으로 보유하면 종합부동산세가 고가 주택인 경우를 제외하고는 거의 나오지 않는데요. 종합부동산세 계산구조에서 공제금액을 빼주기 때문입니다. 그러나 법인은 공제금액을 차감해 주지 않습니다. 고가주택이라고 보기 어려운 경우에도 법인은 종합부동산세가 계산되는 경우가 있습니다. 또 개인은 1세대 1주택자에 대해서 종합부동산세 계산 시 혜택을 주는 반면 법인은 별도의 혜택이 없기 때문에 종합부동산세 부담이 커집니다.

그렇다면, 건물을 구입할 때는 왜 법인 명의로 구입하라고 할까요? 대부분 주택보다 건물을 더 오랫동안 보유하곤 하는데요. 건물을 개인 명의로 보유하면 건물 임대료가 개인의 소득으로 잡히기 때문에 다른 소득이 있는 경우 종합소득세가 많이 나올 수 있습니다. 이런 경우는 임대료가 발생하는 건물을 법인을 설립하여 양도하는 것이 유리합니다. 이를 현물출자 법인 전환이라고 하는데요. 법인으로 건물의 명의를 옮기면 건물에 대한 임대료 수입이 법인으로 잡히기 때문에 대표자의 개인 소득에 영향을 미치지 않습니다. 따라서 대표자가 이 건물 법인에서 급여나 배당을 가져가지 않는다면, 대표자 종합소득세에는 전혀 영향이 없습니다.

뿐만 아니라 건물을 개인 명의로 오랫동안 보유하고 있다가 증여 혹은 상속이 발생하면, 상속세 혹은 증여세가 굉장히 많이 나옵니다. 우리나라 증여세 및 상속세율은 최대 50%입니다. 그래서 오랫동안 건물을 보유한 경우, 건물 가격의 절반 정도를 상속세로 납부해야 할 수도 있습니다. 만약 건물을 법인으로 구입할 계획이 있다면, 구입 시점부터 주주 구성을 잘 짜야 합니다. 증여세를 고려하여 가족을 주주 구성으로 해놓는다면 추후 임대료 수입을 배당으로 인출해올 수 있고, 발생할 수 있는 상속세에 일부 대비가 가능합니다.

물론 모든 상황에서 집은 개인, 건물은 법인이 유리한 것은 아닙니다. 납세자 개인별 상황에 따라 달라질 수 있습니다. 그렇기 때문에 부동산 자산을 구입할 예정이라면, 세무전문가의 상담을 미리 받고 결정하는 것이 좋습니다.

내 사업은 과세일까, 면세일까?

사업자를 내기로 결정했고, 개인으로 할지 법인으로 할지 결정했다면 이제 내가 팔고자 하는 물건, 혹은 서비스가 과세인지 면세인지 따져볼 필요가 있습니다. 다행히 과세인지 면세인지는 법에 명확히 나와 있기 때문에 결정하기가 굉장히 쉽습니다.

부가가치세 면세항목에는 무엇이 있나요?

1. 가공되지 않은 식료품

- 쌀, 채소, 과일, 고기, 생선, 나무열매 등(식용 농축수산물 및 임산물)
- 우리나라에서 생산된 비식용 농축수산물 중 대통령령이 정한 것

2. 수돗물

3. 연탄 및 무연탄

4. 여성용 생리용품

5. 의료보건 용역과 혈액

◦ 의사·치과·한의사 진료, 수의사 용역

◦ 치료·예방·진단 목적의 혈액

6. 교육 용역

◦ 학교교육, 학원, 평생교육 등 대통령령이 정한 것

7. 여객운송 용역(일부 제외)

◦ 일반 대중교통 면세

❋ 단, 항공기, 고속버스, 전세버스, 택시, 특수차량, 고속철도 등은 과세

❋ 관광·유흥 목적의 유람선, 케이블카 등은 과세

8. 출판 및 언론

◦ 도서, 신문, 잡지, 관보, 뉴스통신, 방송

❋ 단, 광고는 제외

9. 우표, 인지, 증지, 복권, 공중전화 사용료

10. 담배(일부 한정)

◦ 일정 가격 이하의 담배

◦ 대통령령이 정한 특수용 담배

11. 금융·보험 용역

∘ 예금, 대출, 보험 등 대통령령이 정한 금융거래

12. 주택 임대(주택과 그 부수 토지)

13. 공동주택 어린이집 임대

14. 토지

15. 저술가·작곡가 등 인적 용역

16. 예술·문화·체육 행사

∘ 예술작품, 예술·문화 행사, 아마추어 운동경기

17. 공공 문화시설 입장료

∘ 도서관, 과학관, 박물관, 미술관, 동물원, 식물원 등

18. 공익 목적 단체가 제공하는 재화·용역

∘ 종교, 자선, 학술, 구호 목적

19. 국가·지방자치단체가 공급하는 재화·용역

20. 국가·지자체·공익단체에 무상 공급하는 재화·용역

국민이 살아가는 데 꼭 필요한 기본적인 재화나 서비스, 그리고 복지나 문화, 공익과 관련된 서비스에는 부가가치세를 붙이지 않습니다. 이렇게 면세를 적용하는 이유는 국민의 기초생활을 보장하기 위해서입니다.

또한 토지, 노동, 자본과 같은 기본적인 생산요소에 대해서도 부가가치세를 면세합니다. 왜냐하면 이들은 새로운 부가가치를

만들어내는 '원천'이므로, 세금을 붙이지 않고 그대로 인정해 주는 것이 제도의 취지에 맞기 때문입니다.

부가가치세 면세가 되는 업종을 확인해 보고 내가 하고자 하는 사업이 면세 업종에 해당한다면 면세사업자 등록을 해야 합니다. 반면 면세 업종에 해당하지 않는다면 부가가치세가 과세되는 사업으로 과세사업자 등록을 해야 합니다. 과세사업과 면세사업을 겸할 경우에는 과세사업자 등록만 진행하면 됩니다.

- 과세사업자 : 부가가치세 과세대상 재화 또는 용역을 공급하는 사업자, 부가가치세 납세의무 발생
- 면세사업자 : 부가가치세가 면제되는 재화 또는 용역을 공급하는 사업자, 부가가치세 납세의무 면제

※ 단, 부가가치세 면세사업자라도 소득세 납세의무까지 면제되는 것은 아닙니다.

Tip 🔍 면세사업자는 세금 안 내도 될까?

"세무사님, 저는 면세사업자니까 세금 안 내도 되는 거 아닌가요?"

종합소득세 신고 때마다 자주 듣는 이야기인데요. 들을 때마다 가슴이 철렁합니다. 면세사업자란 부가가치세만 면세가 되는 사업자를 말합니다. 즉, 부가가치세 외에는 모든 사업자와 동일하게 세금 신고도 해야 하고, 세금도 납부해야 합니다.

면세사업자가 납부 및 신고해야 하는 세금을 간단히 정리해 보겠습니다. 일단 직원을 고용했거나 용역비를 지급하면 원천세 신고를 진행해야 합니다. 이를 통해, 직원에게 급여를 지급하거나 용역비를 지급할 때 소득세와 지방소득세를 대리하여 납부해야 합니다. 소득세는 관할 세무서에, 지방소득세는 관할 시군구청에 납부합니다.

그리고 4대보험 가입을 한 직원이 있다면 근로소득 간이지급명세서를 매월 국세청에 제출해야 합니다. 더불어 다음 해 3월 10일까지 정기지급명세서를 제출해야 합니다(근로소득 연말정산). 4대보험 가입 신고 및 납부 의무도 발생합니다. 또 용역비를 지급했다면 매월 말일에 사업소득 간이지급명세서를 제출해야 합니다.

과세사업자는 부가가치세 신고를 통해 매출과 매입을 확정합니다. 반면 면세사업자는 면세사업장현황신고라는 것을 통해 매출과 매입을 확정합니다. 면세사업자 사업장현황신고는 매년 2월 10일까지 진행합니다. 즉, 2025년 귀속분에 대한 매출과 매입 등은 다음 해인 2026년 2월 10일까지 사업장현황신고를 진행하는 것이죠. 사업장현황신고를 한다고 해서 당장 납부할 세금이 발생하는 것은 아닙니다. 이는 해당 사업장의 매출과 매입, 인건비 등을 파악하기 위한 것입니다.

간혹 면세사업자 대표님들이 "저는 면세사업자 사업장현황신고 한 번도 안 했는데 그동안 별 문제 없었어요" 하고 이야기하는 경우가 있는데요. 면세사업자 사업장현황신고는 복식부기 의무자만 대상입니다. 개인사업자는 직전 연도 수입금액을 기준으로 간편장부 대상자와 복식부기 의무자로 분류됩니다. 만약 그동안 사업장현황신고를 하지 않아도 별 문제가 없었다면 간편장부 대상자였을 수 있습니다. 만약 복식부기 의무자가 사업장현황신고를 성실하게 진행하지 않으면 가산세가 발생합니다.

그리고 매년 5월, 개인소득에 대해 종합소득세 신고도 해야 합니다. 면세사업자라고 해서 종합소득세까지 면제가 되는 것이 아닙니다. 다른 사업자와 마찬가지로 사업장 소득을 정산하고, 다른 개인소득이 있다면 합산해서 종합소득세 신고를 해야 합니다.

'면세'라는 단어가 초보 대표님들을 헷갈리게 하는 것 같습니다. 결론적으로, 면세사업자는 부가가치세만 면세일 뿐, 그 외의 모든 세금은 면세가 아니라는 점, 세금 신고와 납부 의무가 있다는 점 기억하세요!

일반과세자와 간이과세자

내가 팔고자 하는 물건 혹은 서비스가 과세사업이라면, 일반과세자와 간이과세자 중 선택하여 사업자등록을 할 차례입니다. 이 둘은 부가가치세의 계산방법과 세금계산서 발급 가능 여부, 부가가치세 환급 등에서 차이가 있습니다. 따라서 내 사업의 특성에 맞게 결정하는 것이 중요합니다.

일반과세자는 10%의 부가가치세율이 적용되며, 매출액의 10%, 매입액의 10%로 부가가치세율이 10%로 동일합니다. 그렇기 때문에 물건 등을 구입하면서 받은 세금계산서상의 부가가치세액을 전액 공제받을 수 있습니다. 만약 매출액보다 매입액이 더 크다면 부가가치세 환급까지 가능합니다. 더불어 일반과세자는 세금계산서 발급이 가능합니다. 정리하면, 일반과세자는 10%의 부가가치세율이 적용되며, 부가가치세 환급이 가능하고, 세금계산서를 발급할 수 있는 사업자를 말합니다.

반면 간이과세자는 10%의 부가가치세율에 15~40%의 부가율을 추가로 적용합니다(부가율×부가가치세율). 즉 간이과세자의 부가가치세율은 1.5~4%라고 보면 됩니다. 이는 매출에만 적용하는 요율이며, 매입에 대해서는 0.5%만 공제받을 수 있습니다. 그리고 매출과 매입에 대한 부가가치세율이 다르기 때문에 부가가치세 환급이 되지 않고 세금계산서도 발급할 수 없습니다. 단 2026년 현재, 1년으로 환산한 공급대가가 4,800만 원 이상이면 세금계산서 발급 가능한 간이과세자로 전환되어 세금계산서를 발급할 수 있습니다.

일반과세자와 간이과세자의 차이점

구분	일반과세자	간이과세자
부가가치세율	10%	1.5%~4.0% (10%×업종별 부가가치율)
부가가치세 환급	가능	불가능
세금계산서 발급	가능	조건부 가능

간이과세자의 업종별 부가가치율(2021.7.1 이후)

업종	부가가치율
소매업, 재생용 재료수집 및 판매업, 음식점업	15%
제조업, 농업·임업 및 어업, 소화물 전문 운송업	20%
숙박업	25%
건설업, 운수 및 창고업(소화물 전문 운송업은 제외), 정보통신업	30%
금융 및 보험 관련 서비스업, 전문·과학 및 기술서비스업(인물사진 및 행사용 영상 촬영업은 제외), 사업시설관리·사업지원 및 임대서비스업, 부동산 관련 서비스업, 부동산임대업	40%
그 밖의 서비스업	30%

다시 말해, 일반과세자와 간이과세자의 가장 중요한 차이는 매출에 대한 부가가치세율, 부가가치세 환급 여부, 세금계산서 발급 가능 여부라고 이해하면 쉽습니다.

위의 표만 보면 무조건 간이과세자로 등록해야겠다고 생각할 수 있습니다. 하지만 간이과세자는 아무나 등록할 수 있는 게 아닙니다. 주로 소비자를 직접 대상으로 하는 업종만 가능합니다. 원칙적으로는 세금계산서를 발행할 수 없기 때문에 사업자를 대상으로 하는 업종, 예를 들면 제조업, 도매업의 경우는 간이과세자로 등록할 수 없습니다.

간이과세자로 등록할 수 없는 경우

1. 다음에 해당하는 사업자

- 일반과세가 적용되는 다른 사업장을 보유하고 있는 사업자. 다만, 개인택시 운송업, 용달 및 개별화물자동차 운송업, 그 밖의 도로 화물 운송업, 이·미용업 등은 제외
- 일반과세자로부터 사업포괄양수 받은 사업자
- 간이과세 배제업종을 영위하는 사업자
- 사업의 종류·규모, 사업장소재지 등을 감안하여 국세청장이 정하는 기준에 해당되는 사업자

2. 간이과세 배제업종

- 광업, 건설업, 제조업, 도매업 및 상품중개업, 부동산매매업
- 과세유흥장소를 경영하는 사업으로서 기획재정부령으로 정하는 것
- 부동산임대업으로서 기획재정부령으로 정하는 것
- 변호사업, 법무사업, 공인회계사업, 세무사업 등 전문직종
- 의사업, 한의사업, 약사업
- 전기·가스·증기 및 수도 사업
- 전문·과학·기술서비스업, 사업시설 관리·사업지원 및 임대

서비스업

　국세청장은 간이과세자 배제업종 및 지역을 별도로 고시하고 있습니다. 국세청장이 정하는 기준은 국세청 홈페이지(www.nts.go.kr), 홈택스(www.hometax.go.kr), 국가법령정보센터 혹은 관할 세무서에서 최신 고시문을 통해 상세 내역을 확인할 수 있습니다.

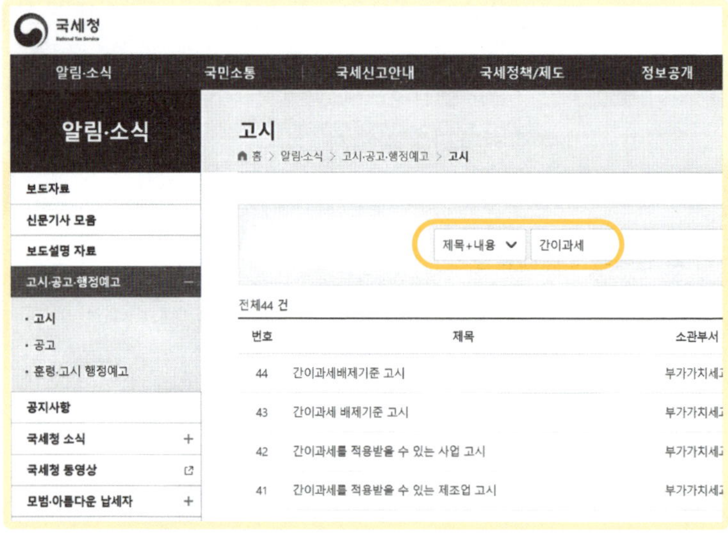

　간이과세자는 부가가치세 혜택이 크기 때문에 위와 같이 엄격하게 요건을 두고 있습니다. 간이과세자에 해당되어 등록했더라도, 연간 매출액이 1억 400만 원 이상, 사업기간이 1년 미만인 경

우 1년으로 환산한 공급대가가 1억 400만 원 이상이라면 일반과세자로 전환됩니다.

간이과세자의 부가가치세율이 굉장히 낮기 때문에 무조건 간이과세자를 선택하는 게 유리하지 않을까, 하고 생각할 수 있는데요. 간이과세자의 또 다른 특징인 '부가가치세가 환급되지 않는다'는 사실을 간과하면 안 됩니다. 경우에 따라 간이과세자보다 일반과세자가 유리한 경우가 있습니다.

간이과세자보다 일반과세자가 유리한 경우

1. 초기 투자비용이 크게 들어가는 경우

카페나 헬스장을 창업한다면 초기 투자비용이 크게 들어갑니다. 카페는 상권이 좋은 1층에 내는 경우가 대부분이라 월세도 높거니와 초기 인테리어 비용이 많이 들어가지요. 헬스장은 사업장 면적 자체가 넓기 때문에 높은 임대료와 초기 인테리어비, 장비 구입비용이 큽니다. 따라서 신규 개업한 카페나 헬스장의 경우 첫 해에는 대부분 매출보다 매입(인테리어, 장비, 비품 구입 등)이 더 크기 마련인데, 매입이 매출보다 크면 부가가치세 환급이 가능해요. 이때 간이과세자로 등록했다면 부가가치세 환급을 받을 수 없기 때문에 초기 비용이 큰 사업인 경우 일반과세자로 등록하는 것이 좋습니다.

2. 영세율을 적용받는 경우

영세율을 적용받는 경우란, 국외 거래를 하는 경우를 말합니다. 즉 외국으로 물품을 수출하거나 외국에 서비스(용역)를 제공하는 것이죠. 우리나라 부가가치세율(10%)과 외국의 그것이 다를 수 있기 때문에 일괄 10%를 적용하기 어렵습니다. 그래서 아예 0%로 적용해 이러한 불편을 줄이고자 만들어진 제도입니다(관세 문제는 별개입니다).

정리하면, 내가 물건을 외국으로 판매하는 수출업이거나 국외로부터 나의 서비스(용역)에 대한 대가를 외화로 받는 사업이라면 매출액에 대해 0%를 적용받습니다. 그리고 국내에서 매입하는 비용에 대해서는 국내 거래이기 때문에 10% 부가가치세율을 적용받게 됩니다. 그럼 매출액의 0%, 매입액의 10%를 정산하는 것이므로 무조건 부가가치세 환급이 발생할 수밖에 없습니다. 따라서 이에 해당하는 업종이라면 일반과세자로 등록하는 편이 훨씬 유리합니다. 여기에 해당하는 업종에는 대표적으로 수출업, 유튜브·틱톡 등 해외플랫폼으로부터 수익을 정산 받는 크리에이터가 있습니다.

내가 하려는 사업의 특성을 먼저 파악해서 일반과세자, 간이과세자 중 보다 유리한 것으로 선택하고 사업자등록을 하길 추천합니다.

간이과세자, 1월에 사업을 시작하면 좋은 이유

간이과세자의 경우, 연 환산 매출이 1억 400만 원 이상이면 일반과세자로 전환됩니다. 그래서 많은 분들이 '연 매출 1억은 금방 넘기지. 그럴 바엔 처음부터 일반과세자로 해서 환급받는 게 좋겠어'라고 생각하고 일반과세자로 등록하는 경우가 있습니다.

온라인 쇼핑몰 업종으로 2025년 1월에 간이과세자로 사업자등록을 했다고 가정해 보겠습니다. 1년 동안 온라인 쇼핑몰을 통해 연 매출액이 3억 원이 됐다고 하더라도 바로 일반과세자로 전환되는 것이 아닙니다. 간이과세자의 첫 부가가치세 신고는 2026년 1월입니다. 따라서 국세청에서는 2025년 기간 중에는 해당 납세자의 매출액이 1억 400만 원을 넘었다는 사실을 알 수 없어요. 2026년 1월 부가가치세 신고를 통해서 그 사실을 파악합니다. 그러나 그 시점에 이미 2026년 1기가 시작된 터라, 일반과세자로의 전환은 2026년 7월 1일이 됩니다.

간이과세자 기준 매출액을 넘더라도 무려 1년 6개월 동안은 간이과
세자로 부가가치세를 10%가 아닌 1.5%만 적용받는 것이죠. 심지어
온라인 쇼핑몰의 경우, 온라인 결제로 이뤄진 매출에 대해서는 1.3%
의 신용카드 발행세액공제도 해줍니다. 그 결과 부가가치세는 대략
0.2% 수준만 납부하게 됩니다. 아무리 내가 1억 400만 원을 첫해에
넘길 것 같더라도 초기 투자비용이 크지 않은 업종이거나 영세율을
적용받는 업종이 아니라면 1월에 간이과세자를 등록하는 것이 유리한
이유입니다.

사업자 주소지
똑똑하게 정하는 방법

사업자등록 주소지를 결정할 때 의외로 크게 고민을 안 하는 경우가 많습니다. 그러나 어디로 결정하느냐에 따라 세금을 한 푼도 안 낼 수 있다는 사실을 알고 계신가요?

얼마 전 인천 송도 공유오피스에 사업자를 낸 크리에이터들의 세금 추징이 대거 있었습니다. 인천 송도, 공유오피스, 크리에이터는 무슨 관계이기에 이런 일이 벌어진 것일까요? 몇 년 전부터 유튜버 등 크리에이터들이 인천 송도로 이사를 해 사업자를 내고 유튜버 활동을 하는 경우가 부쩍 많아졌는데요. 이는 바로 종합소득세 감면으로 벌어진 일입니다. 조세특례제한법 규정에 청년창업 중소기업 감면이라는 것이 있기 때문이죠.

1. 업종 요건

광업, 제조업, 수도, 하수 및 폐기물 처리, 원료 재생업, 건설업, 통신판매업, 물류산업, 음식점, 정보통신업(비디오물 감상실 운영업 등 제외), 금융 및 보험업 중 정보통신을 활용하여 금융서비스를 제공하는 업종, 전문 과학 및 기술 서비스업(변호사업 등 제외), 사업시설 관리 및 조경서비스업, 사업 지원 서비스업, 사회복지 서비스업, 예술, 스포츠 및 여가 관련 서비스업(자영예술가 등 제외), 개인 및 소비용품 수리업, 이용 및 미용업, 직업기술 분야를 교습하는 학원을 운영하는 사업 또는 직업능력 개발훈련시설을 운영하는 사업, 관광숙박업, 국제회의업, 유원시설업 및 관광객 이용시설업, 노인복지시설을 운영하는 사업, 전시사업

2. 나이 및 지배 요건

개인사업자로 창업하는 경우

창업 당시 만 15세 이상 만 34세 이하인 사람. 다만, 병역을 이행한 경우에는 그 기간(6년 한도)을 창업 당시 연령에서 빼고 계산한 연령이 34세 이하인 사람을 포함한다.

법인으로 창업하는 경우

개인사업자로 창업하는 경우의 요건과 지배주주 등으로서 해당 법인의 최대주주 또는 최대출자자여야 한다는 요건을 모두 충족해야 한다.

감면율

2018.5.29.~2025.12.31 창업

구분	감면율
과밀억제권역 내 청년창업	5년간 50%
과밀억제권역 외 일반창업	5년간 50%
과밀억제권역 외 청년창업	5년간 100%

2026.1.1 이후 창업

구분	감면율
과밀억제권역 내 청년창업	5년간 50%
수도권 중 과밀억제권역 외 일반창업	5년간 25%
수도권 중 과밀억제권역 외 청년창업	5년간 75%
수도권 외 지방 일반창업	5년간 50%
수도권 외 지방 청년창업	5년간 100%

3. 지역 요건

수도권 과밀억제권역

◦ 서울특별시, 인천광역시(강화군, 옹진군, 서구 대곡동, 불로동, 마전동, 금곡동, 오류동, 왕길동, 당하동, 원당동, 인천경제자유구역 및 남동 국가 사업단지 제외)

◦ 의정부시, 구리시, 남양주시(호평동, 평내동, 금곡동, 일패동, 이패동, 삼패동, 가운동, 수석동, 지금동 및 도농동만 해당), 하남시, 고양시, 수원시, 성남시, 안양시, 부천시, 광명시, 과천시, 의왕시, 군포시, 시흥시[반월특수 지역(반월특수지역에서 해제된 지역 포함)은 제외]

해당 규정 요건에 해당하면 최소 25%에서 최대 100%까지 종합소득세 감면이 가능합니다. 종합소득세 100% 감면이라니, 이게 가능한 일인가 싶습니다. 실제로 해당 규정이 나왔을 때 사업자들도 믿을 수 없다는 반응이었어요. 그러다 실제로 주변에서 100% 감면을 받은 사례들이 생겨났고, 100% 감면이 가능한 지역(과밀억제권역 외 지역)에 공유오피스를 만들고 사업자를 내게 해서 종합소득세 감면을 받아주는 컨설팅이 유행처럼 번졌습니다.

그런데 실제로 사업은 서울이나 감면 100% 지역이 아닌 곳에서 하면서, 사업자등록만 감면 100% 지역에 내며 종합소득세 혜택을 받는 납세자들이 많이 생겨났습니다. 결국 국세청에서 기획 조사를 통해 그들의 종합소득세를 모두 추징하는 일이 발생한 것 이죠. 세액감면, 공제요건을 잘 활용하면 절세이고, 요건을 악용하 면 탈세라는 것을 잊지 마세요. 당장 아무런 문제가 없어 보여도 세금은 최대 5년까지 추징이 가능합니다.

간혹 "세금 몇 푼 줄이자고 이사까지 가요?"라고 합니다. 과연 세금 몇 푼일까요? 크리에이터 사업자로 예를 들어보겠습니다. 크 리에이터 사업자들은 수익이 나기 시작하면 비용처리할 것이 없 습니다. 그렇기 때문에 당기순이익이 굉장히 크게 잡힙니다. 우리 나라 종합소득세 세율은 최소 6%에서 최대 45%입니다.

당기순이익 1억을 가정해 볼까요? 당기순이익 1억은 납세자의 수익에서 사업과 관련된 비용을 차감한 금액으로 세율이 35%입 니다. 35%를 곱하고 누진공제를 차감하면 산출세액은 19,560,000 원입니다(17쪽 참고).

감면을 적용하지 않은 경우

당기순이익   100,000,000원

과세표준   100,000,000원

(계산 편의를 위해 소득공제는 적용하지 않음)

산출세액   19,560,000원

세액감면   0원(계산 편의를 위해 그 외 세액감면, 공제는 적용하지 않음)

결정세액   19,560,000원

창업감면 50% 적용한 경우

당기순이익   100,000,000원

과세표준   100,000,000원(계산 편의를 위해 소득공제는 적용
하지 않음)

산출세액   19,560,000원

세액감면   9,780,000원(계산 편의를 위해 그 외 세액감면, 공제
는 적용하지 않음)

결정세액   9,780,000원

창업감면 100% 적용한 경우

당기순이익   100,000,000원

과세표준   100,000,000원(계산 편의를 위해 소득공제는 적용
하지 않음)

산출세액   19,560,000원

세액감면   19,560,000원(계산 편의를 위해 그 외 세액감면, 공
제는 적용하지 않음)

결정세액   0원

위와 같이 종합소득세 1년분에 대한 차이만 해도 50% 감면인 경우 978만 원이 절감되며, 100% 감면이라면 1,956만 원이 절감됩니다. 심지어 해당 규정은 5년 동안 적용받을 수 있어요. 즉, 100% 감면이라면 5년 동안 종합소득세가 0원이라는 이야기입니다.

이처럼 세법을 잘 들여다보면 규정에 따라 사업자 주소지만 잘 선택해도 세금을 한 푼도 안 낼 수 있습니다. 사업자등록 전 반드시 세무전문가와의 상담을 통해 현재 상황에서 가장 유리한 방법으로 사업자등록을 하세요. 앞으로의 세금 인생에 있어 큰 방향이 결정됩니다.

사업자등록 하기

사업자를 개인으로 할지, 법인으로 할지, 일반과세자로 할지, 간이과세자로 할지, 사업장 주소지는 어디에 할지 등을 결정했으니 이제 드디어 사업자등록을 할 시간입니다. 사업자등록은 관할 세무서 민원실에 방문하거나 홈택스를 통해 진행할 수 있습니다. 물론 직접 신청하지 않고 세무대리인에게 대행을 맡길 수도 있습니다. 사업자등록은 사업을 시작한 날로부터 20일 이내에 신청하면 됩니다. 사업을 시작하기 전 사업을 개시할 것이 객관적으로 확인되는 경우, 사업자등록을 미리 할 수도 있습니다.

- 사업자등록신청서 1부

- 사업허가증·등록증 또는 신고필증 사본 1부(허가를 받거나 등록 또는 신고를 하여야 하는 사업의 경우)

- 사업개시 전 등록할 경우에는 사업허가신청서 사본이나 사업계획서

- 임대차계약서 사본 1부(확정일자 신청할 경우 임대차계약서 원본)

- 전대차계약서 사본 및 전차동의서(사업장을 전차한 경우), 다만, 임대인의 동의가 필요 없다는 특약이 있는 경우 해당 임대차계약서 사본

- 2인 이상 공동으로 사업을 운영하는 경우에는 공동사업 사실을 증명할 수 있는 서류

- 도면 1부(상가건물임대차보호법이 적용되는 건물의 일부를 임차한 경우)

※ 법인의 경우 주주 또는 출자자명세서를 구비해야 하며 필요한 경우 정관, 법인 등기부등본을 제출해야 합니다.

- 자금출처명세서(금지금 도·소매업, 액체·기체연료 도·소매업, 재생용 재료 수집 및 판매업, 과세유흥장소 경영자)

- 신탁 계약서 1부(부가가치세법 제8조에 따른 신탁 재산 사업자등록의 경우)

◦ 임대주택 명세서 1부(소득세법 시행규칙 별지 제106호 서식, 주택임
  대사업을 하려는 경우)

◦ 미성년자가 사업자등록을 하고자 하는 경우 법정대리인 동
  의서 1부(부가가치세법 시행규칙 별지 제5호의 2 서식)

Part 02

세금의
시작,

부가
가치세

부가가치세
제대로 알기

부가가치세란 우리가 물건을 구입하거나 판매할 때, 혹은 어떤 서비스를 제공받거나 제공할 때 발생하는 거래세를 뜻합니다. 일상에서 구매하는 물건의 값에도 부가가치세가 포함되어 있습니다. 구매 영수증에서 쉽게 확인할 수 있어요. 부가가치세는 물건을 사고 팔거나, 서비스의 제공과정에서 얻어지는 부가가치에 대해 과세하는 세금입니다. 말로만 들었을 때는 추상적이고 어렵게 느껴집니다.

카페를 운영하는데 원두 1,100원어치를 사서 커피 한 잔을 만들어 4,400원에 판매한다고 가정해 보겠습니다. 원두 값에 카페 공간, 바리스타의 시간과 노력, 컵과 얼음, 전기·수도 등 설비 비용이 더해져서 최종적으로 커피 한 잔이 고객에게 제공됩니다.

1,100원 + 부가가치 = 4,400원

(원두 값)　　　　　　　　(커피 값)

이때의 차액 3,300원이 바로 부가가치와 그에 대한 세금입니다. 쉽게 말하면 이 3,300원을 기준으로 하는 세금이 부가가치세인 것이죠. 직접 계산해 볼까요? 우리가 고객에게 받은 4,400원에는 부가가치세 10%가 포함되어 있습니다. 원두 값 1,100원에도 부가가치세 10%가 포함되어 있는 것이고요. (커피 원두는 볶지 않은 생두인 경우 면세, 볶은 경우는 과세입니다. 예시는 볶은 원두입니다.)

　커피 값 4,400원 = 공급가액 4,000원 + 부가가치세 400원
－ 원두 값 1,100원 = 공급가액 1,000원 + 부가가치세 100원

＝ 차액 3,300원 = 부가가치 3,000원 + 부가가치세 300원

따라서 납부해야 할 부가가치세는 300원이 됩니다. 이렇게 원재료에 새로운 가치가 붙어 가격이 책정되고 그 차액에 대해 부가가치세를 계산하는 것입니다. 우리나라의 부가가치세율은 10%

로 상품이나 서비스의 가격에 10%를 부가가치세로 붙여 판매합니다. 마찬가지로 상품이나 서비스를 제공받고 대금을 지급할 때 10%의 부가가치세를 포함하여 지불합니다. 그리고 이를 정산하는 것이 바로 부가가치세 신고입니다. 내가 받은 부가가치세는 매출세액이며, 내가 지불한 부가가치세는 매입세액입니다.

매출세액 : 고객으로부터 받은 부가가치세
- 매입세액 : 거래처에게 지불한 부가가치세

= 납부해야 할 부가가치세

그렇다면, 부가가치세는 언제 정산할까요? 부가가치세는 6개월을 과세기간으로 하여 신고·납부합니다. 그리고 6개월 중 3개월을 다시 나누어 예정신고 기간을 두고 있습니다.

과세기간	과세대상 기간		신고납부 기간	신고 대상자
제1기 1.1~6.30	예정신고	1.1~3.31	4.1~4.25	법인사업자
	확정신고	1.1~6.30	7.1~7.25	법인·개인 일반사업자
제2기 7.1~12.31	예정신고	7.1~9.30	10.1~10.25	법인사업자
	확정신고	7.1~12.31	다음 해 1.1~1.25	법인·개인 일반사업자

반면 간이과세자는 아래와 같이 1년을 과세기간으로 하여 신고·납부하게 됩니다.

과세기간	신고·납부기간
1.1~12.31	다음 해 1.1~1.25

※ 다만 7월 1일 기준 과세유형전환사업자(간이→일반)와 예정부과기간(1.1~6.30)에 세금계산서를 발급한 간이과세자는 1.1~6.30을 과세기간으로 하여 7.25까지 신고·납부해야 합니다.

일반적으로 개인사업자는 1년에 2번, 7월과 다음 해 1월에 신고·납부를 진행합니다. 개인사업자 중 간이과세자인 경우는 1년에 1번 다음 해 1월에 진행합니다. 법인사업자는 1년에 4번, 4월, 7월, 10월, 다음 해 1월에 진행합니다. 개인 일반사업자와 직전 과세기간 공급가액의 합계액이 1억 5천만 원 미만인 법인사업자는 4월/10월에 직전 과세기간 납부세액의 50%(징수해야 할 금액이 50만 원 이상일 경우)가 예정고지되며, 해당 고지된 금액은 7월과 다음 해 1월 확정신고 시 납부할 세액에서 차감됩니다.

부가가치세를 쉽게 이해할 수 있게 더 자세히 살펴볼게요.

음료 매출 : 50,000,000원(부가가치세 5,000,000원)

- 원재료 : 20,000,000원 (부가가치세 2,000,000원)
- 임대료 : 10,000,000원 (부가가치세 1,000,000원)
- 간접비 : 5,000,000원 (부가가치세 500,000원)

납부할 부가가치세 = 1,500,000원

부가가치세는 사업자가 고객에게 받아서 대신 납부하는 세금입니다. 따라서 매출대금 전액이 내 돈이라고 생각하고 다 써버리면 부가가치세 신고 때 자금 조달에 문제가 생길 수 있으므로 유의하세요. 위의 예시는 사업장도 있고, 원재료도 발생하는 사업의 경우입니다. 이번엔 사업장이 없거나 임대료가 낮은, 그라고 재료 매입도 발생하지 않는 서비스업을 예시로 들어보겠습니다.

서비스 매출 :   50,000,000원 (부가가치세 5,000,000원)
- 임대료 :   5,000,000원 (부가가치세 500,000원)
- 간접비 :   5,000,000원 (부가가치세 500,000원)

납부할 부가가치세 = 4,000,000원

카페나 음식점은 주로 1층에 사업장을 내고 유동인구가 많은 곳에 있기 때문에 임대료 부담이 큽니다. 그리고 원재료 매입 등 직접적인 매입비용이 있어 부가가치세가 크게 계산되는 편은 아닙니다.

하지만 서비스업의 경우는 다릅니다. 광고대행업과 같은 서비스업은 사업장을 자택으로 두어 임대료가 거의 나가지 않거나 사무실이기 때문에 저렴합니다. 또한 원재료 등 매입하는 것이 없기 때문에 부가가치세 부담이 굉장히 큽니다. 따라서 음식점, 제조업, 도소매업 등 매입이 있는 업종보다 직접적인 매입이 없는 서비스업의 경우는 부가가치세를 별도의 계좌를 만들어 넣어두고 미리 관리하는 것이 좋습니다.

Tip 🔍 부가가치세 예정고지 일정을 기억하라!

부가가치세 신고는 앞서 살펴보았듯 개인사업자 2번, 법인사업자 4번입니다. 그러나 엄밀히 말하면 부가가치세 신고기간은 1기와 2기로 나눌 수 있습니다. 1기는 1월부터 6월의 기간, 2기는 7월부터 12월의 기간을 말합니다. 그리고 이를 다시 나누어 1월부터 3월의 기간은 1기 예정, 4월부터 6월의 기간을 1기 확정, 7월부터 9월까지의 기간을 2기 예정, 10월부터 12월의 기간을 2기 확정이라고 부릅니다.

법인사업자는 예정, 확정신고 모두 진행해야 하는 반면, 개인사업자는 확정신고만 진행하는데, 예정기간에는 예정고지라고 해서 부가가치세 납부고지서만 발송됩니다. 그래서 개인사업자의 경우 7월과 1월에만 부가가치세가 나오는 줄 알고 있다가 4월과 10월, 예정신고 기간에 부가가치세 예정고지 납부서를 받고 깜짝 놀라는 경우가 많습니다.

국세청에서는 개인사업자의 경우, 분기별로 신고하는 번거로움을 덜어주기 위해 예정신고 기간에는 신고절차 없이 예정고지서를 통해 부가가치세를 일부만 미리 걷습니다. 예를 들어, 2025년 1기 확정신고를 했다면, 2025년 1월부터 6월까지의 매출과 매입이 확정되어 부가가치세를 납부했겠죠. 납부한 부가가치세가 200만 원이라고 가정한다면, 2025년 2기 예정 부가가치세 납부기한인 10월 25일까지 200만 원의 1/2인 100만 원을 납부하라고 고지합니다. 2기 확정 신고기한인 다음 해 1월 1일부터 1월 25일에 부가가치세 신고를 하면 최종 2기 부가가치세를 확정하는데 이때 확정된 부가가치세가 250만 원이라고 해볼까요? 미리 예정고지를 통해 납부한 100만 원을 차감하고 150만 원을 추가로 납부하는 방식입니다.

법인사업자도 영세한 규모인 경우에는 부가가치세 예정신고가 아닌 예정고지로 대체됩니다. 직전 연도 매출액 합계가 1억 5천만 원 미만인 법인사업자가 이에 해당합니다. 단, 예정고지 세액이 50만 원 미만이라면 고지가 되지 않습니다. 즉, 확정신고 때 납부한 세금의 1/2이 50만 원 이상인 경우에만 예정고지 납부서가 발송됩니다.

간혹 예정고지 납부를 하지 않고 확정신고 때 한꺼번에 납부할 수 없냐고 물어보는데요. 반드시 납부해야 합니다. 예정고지분을 납부하지 않으면 가산세가 발생하니 유의하세요. 따라서 개인사업자 부가가치세 확정신고는 1년에 2번 진행하지만 납부는 사실상 총 4번이라고 생각하세요. 그래야 자금 계획을 효율적으로 수립할 수 있습니다.

만약 매출액이 직전 기간에 비해 급감하여 1/3 미만으로 감소했거나 시설 투자를 해 부가가치세 조기환급이 필요한 경우에는 예정고지분이 고지가 되었더라도 예정신고를 통해 부가가치세를 조정할 수는 있습니다.

Tip 🔍 부가가치세 어떻게 하면 줄일 수 있나요?

세무사로 일하며 받는 가장 난감한 질문 중 하나입니다. 부가가치세는 앞서 살펴보았듯 거래세입니다. 실제 거래가 발생해야 생기는 부가가치세를 줄이려면 구조를 이해하는 게 중요해요.

납부세액=매출세액-매입세액

결국 납부할 부가가치세를 줄이려면 매출세액을 줄이거나, 매입세액을 늘려야 합니다. 매출세액을 줄이기 위해서는 매출을 낮춰야 하죠. 실제 매출보다 낮춰 신고하는 것은 명백한 탈세 행위입니다. 따라서 굉장히 위험한 방법입니다. (사실 방법이라고 말할 수도 없겠죠.) 결국 매입세액을 늘려야 하는데요. 납부할 부가가치세를 줄이자고 필요 없는 물건을 구입할 수도 없는 노릇입니다. 배보다 배꼽이 더 큰 경우라고 할 수 있겠습니다. 부가가치세를 줄이는 가장 현명한 방법은 원론적이지만 실제 사업과 관련된 경비에 대해 적격증빙을 잘 구비하는 것이에요. 10% 싸게 구입하려고 현금결제의 유혹에 빠지지 마세요.

부가가치세 신고 및 납부 시즌이 되면 세금 부담 때문에 고민인 분들이 많습니다. 부가가치세의 회계계정이 '부가세예수금'입니다. 예수금이란, 말 그대로 '잠시 맡아두고 있는 돈'으로 '내 돈이 아닌 돈'을 잠시 보관하고 있는 상태를 말합니다. 그래서 부채로 처리됩니다. 다시 누군가에게 줘야 할 돈이기 때문입니다.

하지만 사업자 입장에서는 부가가치세가 매출대금과 함께 입금되어 통장으로 들어온 이상 내 돈이 아님에도 내 돈 같은 느낌을 지울 수가 없죠. 그러나 사업을 오래하려면 부가가치세를 아까워하면 안 됩니다. 다만 부가가치세 납부가 세금 폭탄으로 느껴지지 않게 따로 통장을 만들어 발생할 때마다 입금해 관리해 보세요. 납부할 부가가치세를 빠르게 정리 및 납부하고 사업에 매진하는 것이 결국 부가가치세를 줄이는 방법입니다.

부가가치세 계산구조 쉽게 이해하기

일반과세자의 부가가치세 계산구조에 대해 더 깊게 공부해 볼까요? 부가가치세 신고서는 매출세액, 매입세액, 경감·공제세액, 크게 세 덩어리로 나눌 수 있습니다.

먼저 매출세액은 고객에게 물품을 판매하고 받은 대가, 서비스를 제공하고 받은 대가에 대한 부가가치세입니다. 매출세액은 크게 과세분과 영세율로 나뉘어요. 과세분은 일반적인 거래를 말하며, 영세율은 국외 거래에 적용된다고 보면 됩니다. 과세분 매출액에 대해서는 부가가치세율 10%를 곱하는 반면, 영세율 매출에 대해서는 '0%'의 부가가치세율을 곱합니다. 따라서 국외 거래인 영세율 매출은 부가가치세가 발생하지 않습니다. 그러나 국외 거래임에도 요건에 따라 부가가치세 10%가 과세되는 경우가 있으니 유의하세요.

매입세액은 상품을 만들거나 서비스를 제공하기까지 들어간 비용에 대한 부가가치세입니다. 크게 세금계산서 수취분, 그 밖의 공제매입세액, 공제받지 못할 매입세액으로 나닙니다. 매입세액을 공제받기 위해서는 적격증빙(세법상 비용으로 인정되는 공식 증빙)을 수취해야 하는데 세금계산서, 계산서, 카드발행전표, 현금영수증 지출증빙 등이 있습니다. 이 중 세금계산서는 세금계산서 수취분으로 반영되며, 카드발행전표, 현금영수증 지출증빙은 그 밖의 공제매입세액으로 반영됩니다.

공제받지 못할 매입세액은 말 그대로 매입세액을 공제받을 수 없는 항목입니다. 이에 대해서는 뒤에 더 자세하게 알아볼 예정입니다. 매입과 관련된 적격증빙을 수취했다고 하더라도 '공제받지 못할 매입세액(매입세액 불공제 항목)'에 해당한다면 공제받을 수 없어요.

경감·공제세액은 대표적으로 신용카드발행전표 등 발행공제와 소규모 개인사업자의 전자세금계산서 발급세액공제가 있습니다. 신용카드발행전표 등 발행공제는 쉽게 신용카드 발행세액공제라고 표현하는데요. 고객이 결제할 때 카드발행전표를 발급했거나 현금영수증을 발급한 경우 해당 대금에서 1.3%를 차감해 주

부가가치세 계산구조

□ 일반과세자

가. 매출세액	가 = (1) + (2) + (3) ± (4)
(1) 과세분	세금계산서 교부분 + 기타 매출분
(2) 영세율(수출)	세금계산서 교부분 + 기타 매출분
(3) 예정신고 누락분	
(4) 대손세액 가감	
나. 매입세액	나 = (5) + (6) + (7) - (8)
(5) 세금계산서 수취분	일반 매입분 - 수출기업 수입부가세 납부유예분 + 고정자산 매입분
(6) 예정신고 누락분	
(7) 그 밖의 공제매입세액	신용카드매출전표 등 + 의제매입세액 + 재활용폐자원등 매입세액 + 과세사업전환매입세액 + 재고매입세액 + 변제대손세액 + 외국인관광객에 대한 환급세액
(8) 공제받지 못할 매입세액	
다. 납부(환급)세액	다 = 가 - 나
라. 경감·공제세액	라 = (9) + (10)
(9) 신용카드 매출전표 발행공제 등	
(10) 그 밖의 경감·공제세액	전자신고세액공제 + 택시운송사업자 경감세액 + 현금영수증사업자 세액공제 + 전자세금계산서 발급세액공제 + 대리납부 세액공제
마. 소규모 개인사업자 감면세액	마
바. 예정신고 미환급세액	바
사. 예정고지세액	사
아. 사업양수자의 대리납부 기납부세액	아
자. 매입자 납부특례 기납부세액	자
차. 신용카드업자의 대리납부 기납부세액	차
카. 가산세액	카
＊ 차가감 납부(환급) 세액	다 - 라 - 마 - 바 - 사 - 아 - 자 - 차 + 카

는 제도입니다. 직전 연도 매출액이 10억 원 이하인 개인사업자만 가능한 공제이며, 법인사업자는 신용카드 발행세액공제를 적용받을 수 없습니다. 신용카드 발행세액공제는 연간 1,000만 원까지 공제되므로 부가가치세를 줄이는 데 큰 도움이 됩니다.

전자세금계산서 발급세액공제는 직전 연도 매출액이 3억 원 미만인 개인사업자가 전자세금계산서를 발행하면 건당 200원의 세액공제를 해주는 제도입니다. 연간 한도 100만 원으로 크지는 않으나, 이 부분도 꼼꼼히 챙기는 것이 좋습니다.

일반과세자의 부가가치세에 대해 알아보았는데요. 부가가치세의 계산구조만 파악해도 부가가치세를 예측하고 대응할 수 있으므로 반드시 기억하세요.

Tip 🔍 　　　　　　　　　　**간이과세자 부가가치세 계산구조**

이번에는 간이과세자의 부가가치세 계산구조에 대해 알아봅니다. 간이과세자의 부가가치세 또한 크게 매출세액, 매입세액, 경감·공제세액으로 나눌 수 있어요. 매출세액은 부가가치세율 10%에 업종별 부가율을 곱하여 계산합니다. 예를 들어, 소매업이라면 부가가치세율

10%에 업종별 부가가치율 15%를 곱하여, 1.5%를 적용합니다. 일반과세자와 비교할 때 굉장히 낮은 세율이죠. 간이과세자의 매입세액 공제율 역시 일반과세자가 10%인데 비해 0.5%로 굉장히 낮습니다. 간이과세자 또한 경감·공제세액을 적용합니다. 신용카드 발행세액공제의 경우 일반과세자와 동일하게 1.3% 공제를 하며, 한도 또한 연간 1,000만 원으로 동일합니다. 더불어, 전자세금계산서 발행세액공제 또한 1건당 200원이며, 연간 한도는 100만 원입니다.

매출세액에서 매입세액, 경감·공제세액을 차감하여 납부할 부가가치세를 계산해 보세요.

일반과세자 vs 간이과세자

구분	일반과세자	간이과세자
매출에 대한 부가가치세율	10%	1.5%~4.0%
매입에 대한 부가가치세율	10%	0.5%
환급여부	가능	불가능
의제매입세액공제	가능	불가능
납부의무 면제	없음	있음

부가가치세 신고로 매출액이 확정된다

부가가치세 신고는 기간을 나누어 해당 기간의 매출과 매입을 정산하는 것인데요. 이를 통해 매출이 확정된다는 점이 중요합니다. (면세사업자는 부가가치세 신고를 진행하지 않고, 면세사업장현황신고를 통해 매출이 확정됩니다.) 이렇게 부가가치세 신고를 통해 확정된 매출은 종합소득세 계산의 기준점이 됩니다. 종합소득세 계산 시 장부 유형 판단의 기준이 되고, 장부의 손익계산서상 매출액이 되는 것이죠.

따라서 부가가치세 신고는 굉장히 중요합니다. 확정된 매출액을 수정하려면 부가가치세 신고를 다시 해야 하며 이 과정에서 불필요한 가산세가 발생합니다. 그렇기 때문에 부가가치세 신고 기간에 모든 매출과 매입을 확정해야 해요. 매입의 경우는 뒤에서 설명하겠지만, 부가가치세 신고를 통한 매입도 있지만, 원천세 신고를 통한 인건비 등 다양합니다. 하지만 종합소득세 신고 시 수익으로 보는 매출액은 부가가치세 신고로만 확정됩니다.

부가가치세 신고 횟수는 개인과 법인, 사업자 유형, 매출액에 따라 다릅니다. 개인사업자 중 일반과세자는 1년에 2번 부가가치세 신고를 합니다. 상반기(1월~6월)분에 대한 부가가치세는 7월 25일까지, 하반기(7월~12월)분은 다음 해 1월 25일까지 신고해요. 그리고 간이과세자는 상반기와 하반기를 합해 다음 해 1월 25일까지 신고하고 납부하면 됩니다.

반면 법인사업자는 분기마다 부가가치세 신고를 해야 합니다. 단, 소규모 법인사업자(직전 과세기간 공급가액의 합계액, 매출액이 1억 5천만 원 미만인 법인사업자)는 개인 일반과세자와 동일하게 상반기에 1번, 하반기에 1번 진행합니다.

부가가치세 신고 시 반영하는 매출액은 고객에게 물건을 팔거나 서비스를 제공하고 받은 모든 금품 등 대가를 말합니다. 만약 돈이 아니라 물건으로 대금을 받았다고 하더라도 매출액에 포함시켜야 하고, 적격증빙을 발행했는지 여부와 상관없이 포함시켜야 해요. 뒤에서 설명하겠지만 부가가치세 매입세액공제의 경우는 적격증빙 수취가 필수지만, 매출액의 경우는 적격증빙을 발행했는지 여부와는 상관이 없습니다. (참고로 증빙은 돈을 받는 사람이 발행하는 것입니다.)

사업자 대 사업자로 거래할 때는 매출이 발생하면 세금계산서나 계산서를 발행하기 때문에 부가가치세 신고 시 당연히 포함됩니다. 카페와 같이 식음료를 제공하는데 고객이 음료 값을 카드로 결제했거나 현금으로 내고 현금영수증을 요청했다면, 이 또한 적격증빙을 발행했기 때문에 부가가치세 신고 시 당연히 포함되고요.

그러나 고객이 계좌이체를 하거나 현금으로 음료 값을 지불하고 현금영수증을 요청하지 않았다면 상황이 다릅니다. 국세청에서 파악이 어렵기 때문에 납세자가 직접 현금 매출 혹은 무통장입금 매출(현금영수증이 발행되지 않은 매출)을 신고해야 합니다. 그래서 현금 거래가 많은 업종은 현금 매출 누락 유혹에 빠지기 쉬운데 이는 굉장히 위험한 일이므로 주의하세요.

세법에서는 '현금영수증 의무발행업종'(부록 265쪽 참고)을 정하고 있습니다. 해당 업종은 고객에게 10만 원 이상의 대가를 받았다면, 고객이 요청하지 않더라도 현금영수증을 발행해야 합니다. 현금영수증 발급 의무를 위반한 경우, 미발급 금액의 20%에 상당하는 가산세가 발생합니다. 꽤 큰 금액이므로 불필요한 지출이 발생하지 않게 현금영수증 의무발행업종에 해당한다면, 고객이 현금영수증 발급을 요청하지 않더라도 잊지 말고 발행하세요.

만약 고객(소비자)의 인적사항을 확인할 수 없다면, 국세청 지정번호(010-000-1234)로 현금영수증을 자진 발급하면 됩니다. 현금영수증 의무발행업종은 굉장히 많기도 하고, 매년 세법이 개정되어 추가되기 때문에 세무대리인도 실시간으로 파악이 어렵습니다. 따라서 10만 원 이상 거래에 대해서는 무조건 현금영수증을 발행하는 것이 좋습니다.

또한 사업자가 국외 거래를 통해 외화를 입금 받은 경우에도 매출로 신고해야 합니다. 예를 들어, 유튜버 크리에이터의 경우 구글에 콘텐츠 제공 용역을 제공한 것입니다. 따라서 구글로부터 입금 받은, 조회수 등으로 발생한 외화금액은 부가가치세 신고 시 반영해야 합니다. 플랫폼을 통해서 매출이 발생한 경우가 아니더라도, 국외에 물품을 판매하거나 서비스를 제공하고 입금 받았다면 부가가치세 신고를 하세요.

간혹 국외에서 입금 받은 사실은 국세청이 알 수 없을 것 같은데 왜 신고를 해야 하냐고 반문하는 분이 있습니다. 국세청은 국외에서 개인에게 10,000 USD 이상 입금된 경우, 입금 사실을 파악하고 있어요. 추후 해당 입금액이 어떠한 사유로 입금된 것인지 소명 요청이 올 수 있습니다.

우리나라 국세청 시스템은 세계적으로도 면밀하기로 유명합니다. 납세자의 거래상황, 신고상황을 모두 전산화해 관리하기 때문에 매출 누락이 지속되고 금액이 커지면 언제든 국세청 감시망에 포착되어 세무조사와 세금추징이 진행될 수 있어요!

현금 매출 혹은 무통장입금 매출 신고를 누락한 것이 확인되는 경우, 원래 납부했어야 하는 부가가치세, 종합소득세(법인의 경우 법인세)뿐만 아니라 가산세가 추가로 발생합니다. 또 조사 결과, 사기나 그 밖의 부정한 방법으로 탈세를 한 경우에는 조세범 처벌법에 의거하여 조세범으로 처벌됩니다. 세금 부과는 물론이며 2년 이하의 징역 또는 포탈세액의 2배 이하에 상당하는 벌금이 나올 수 있어요(포탈세액 등이 5억 원 이상인 경우, 3년 이하의 징역 또는 포탈세액 등의 3배 이하 벌금).

세금은 5년 동안 추징이 가능하므로 지금 당장 세무조사가 나오지 않았다고 안심은 금물. 매출 누락의 유혹에 빠지지 않게 조심하세요.

부가가치세 신고로 매입액이 확정된다

이번에는 부가가치세 매입에 대해 알아봅니다. 앞서 말했듯, 부가가치세 매입은 매출과 달리 적격증빙 수취가 필수입니다. 거래 상대방에게 물건 값이나 서비스 대금을 지급했다고 하더라도 적격증빙을 받지 못했다면 부가가치세 매입으로 인정받을 수 없어요. 따라서 내가 납부해야 할 부가가치세를 줄여주지 못합니다.

납세자 입장에서는 매출액은 적격증빙 상관없이 잡으라고 하고, 매입액은 적격증빙 수취가 필수라면 불합리하다고 생각할 수 있습니다. 반면 국세청 입장에서는 사업자들이 거래를 함에 있어 적격증빙을 반드시 발행하고 수취하게 함으로써 세수 손실을 방지하는 장치가 되겠죠. 부가가치세를 적게 내고 싶으면 상대방에게 적격증빙을 요청해야 할 것이고, 적격증빙을 발행하는 상대방의 매출도 자동으로 잡히는 효과가 있으니까요.

헬스장이나 필라테스 센터 등에서 "현금 결제 시 10% 할인"이라는 광고를 본 적 있을 겁니다. 시장에서 물건을 살 때 역시 현금으로 결제하면 10%를 빼주겠다고 말하는 사장님들이 많습니다. 당장 10% 저렴하게 사는 것이 소비자, 혹은 구매자 입장에서는 좋겠지만, 사실 상대방이 내야 할 부가가치세가 나에게 전가된 것이나 다름없습니다. 물건을 파는 사람은 고객이 현금으로 결제했기 때문에 국세청에서는 해당 사실을 모르므로 부가가치세 신고 시 반영하지 않겠죠(원칙은 무통장, 현금 매출도 자진 신고해야 합니다). 그런데 물건을 구입한 입장에서 부가가치세를 계산할 때는 현금으로 아무리 많이 구입했어도 적격증빙이 없기 때문에 납부할 부가가치세에서 차감되는 것이 아예 없습니다. 소위 부가가치세 폭탄을 넘겨받는 꼴이 되는 거죠.

반대로 10% 싸게 살 수 없어 당장은 아쉽더라도 현금영수증을 받았다고 가정해 볼게요. 물건을 판 사람은 현금영수증을 발행했기 때문에 자동으로 매출에 반영되어 10%의 부가가치세를 납부하게 됩니다. 하지만 구입한 사람은 물건을 사며 10%의 부가가치세를 미리 냈기 때문에 내가 납부할 부가가치세에서 공제되는 거죠. 다시 말해, 당장은 돈을 더 낸 것 같지만, 앞으로 내가 내야 하는 부가가치세에서 차감되는 것이므로 가급적 물건이나 서비스를 구입할 때는 적격증빙을 받으세요.

또 부가가치세 신고 시 인정된 매입액은 종합소득세 신고 시 비용으로 인정받습니다. 만약 당장의 10% 할인 유혹에 넘어가 현금으로 거래했다면, 적격증빙을 수취하지 않았기 때문에 부가가치세 매입으로 인정받지 못하고, 그렇게 되면 종합소득세에서 비용으로도 인정받을 수 없다는 점을 기억하세요. 부가가치세뿐만 아니라 종합소득세까지 폭탄을 맞을 수 있는 상황이 될 수 있어요.

종합소득세에서의 비용 =
부가가치세 신고 시 반영된 매입액 + 원천세 신고를 통해 확정된 인건비 + 부가가치세 신고 시 반영되지 않은 비용(접대비, 일반승용차 차량비용 등) + 결산항목(감가상각비 등)

부가가치세 공제가 안 되는 항목들

여기서는 부가가치세 불공제 항목에 대해 알아봅니다. 아무리 적격증빙을 잘 수취했다고 하더라도 아래 항목에 해당한다면 부가가치세 공제를 받을 수 없기 때문입니다. 부가가치세 불공제 항목은 안 그래도 어려운 세금을 더 어렵게 만들죠. 종합소득세 경비처리는 어떤 항목이 가능한지, 부가가치세 공제는 어떤 항목이 가능한지 따로 구분해야 합니다.

법에서는 부가가치세 불공제 항목에 대해 아래와 같이 따로 규정하고 있습니다.

사업과 직접 관련이 없는 지출에 대한 매입세액

부가가치세 매입세액공제는 사업과 관련된 지출에 대한 매입세액만 공제가 가능합니다. 즉, 사업과 관련 없이 사용한 개인의 사적 지출에 대한 매입세액은 부가가치세 공제를 받을 수 없습니다. 세법은 사업을 운영하기 위해 필요한 비용과 그렇지 않은 비용을 엄격하게 구분하고 있습니다. 따라서 납세자는 부가가치세 신고 시에 사업과 관련이 없는 지출, 예를 들면 가족여행 경비, 개인 쇼핑 비용, 병원비 등은 제외해야 합니다. 해당 비용은 홈택스에 사업용 카드로 등록한 카드로 결제했어도 제외하고 신고해야 해요.

사적 경비에 대해 매입세액공제 혜택을 받을 수 있다면, 사업자가 있는 사람과 없는 사람을 차별하게 되는 결과를 낳죠. 제도의 공정성과 형평성이 무너지는 것입니다. 부가가치세 매입세액공제의 취지는 사업을 위해 거래 단계에서 발생하는 부가가치세를 조정해 주기 위함입니다. 간혹 "이런 경비는 부가가치세 공제가 가능한가요?"라고 문의하는데 해당 경비가 사업과 관련 있는지 여부는 사실 세무대리인보다 그 비용을 직접 사용한 사람이 더 잘 알고 있습니다. 같은 책상을 구입해도 사업장에서 사용하면 사업과 관련된 매입세액으로 공제받을 수 있지만, 집에서 사용하면 사업과 관련 없는 매입세액이므로 공제받을 수 없습니다.

사업자등록 전 매입세액

사업자등록을 신청하기 전에 발생한 지출에 대한 매입세액은 공제 및 환급이 되지 않습니다. 이를 인정해 주다 보면 매입세액 공제를 무분별하게 받을 수 있기 때문입니다. 하지만 예외 규정을 두고 있습니다. 사업을 준비하는 과정에서 발생한 사업과 관련된 지출은 일정한 요건을 갖추면 공제받을 수 있습니다.

예를 들면, 카페 창업을 준비하면서 사업자등록 전에 커피 머신을 먼저 구입했다거나, 헬스장 오픈을 앞두고 인테리어 공사를 진행하면서 비용을 먼저 지급한 경우 등이 해당됩니다. 이처럼 창업 준비 단계에서 발생한 지출은 사업의 개시와 직접적으로 관련된 지출이라는 것이 명확하기 때문입니다. 공급 시기, 즉 매출이 발생한 시점이 속하는 과세기간이 끝난 후 20일 이내에 사업자등록을 신청한 경우, 사업자등록 신청일로부터 공급 시기가 속하는 과세기간 기산일까지 역산한 기간 이내의 매입세액은 공제가 가능합니다.

사업자등록 전 매입세액 가능 판단

① 1기(1월 1일~6월 30일) 중 발생한 매입세액은 7월 20일까지 사업자등록을 신청한 경우 매입세액공제 가능

② 2기(7월 1일~12월 31일) 중 발생한 매입세액은 다음해 1월 20일 까지 사업자등록을 신청한 경우 매입세액공제 가능

다만 사업자등록 전 지출한 비용은 사업자등록이 없기 때문에 적격증빙을 사업자등록번호로 발급받을 수 없습니다. 이 경우, 주민번호로 세금계산서 혹은 현금영수증을 발급받으세요. 부가가치세 신고 전, 주민번호 발급분을 홈택스에서 사업자등록번호로 수정해 부가가치세 신고에 반영할 수 있습니다.

현금영수증 사업자용으로 용도변경하는 방법

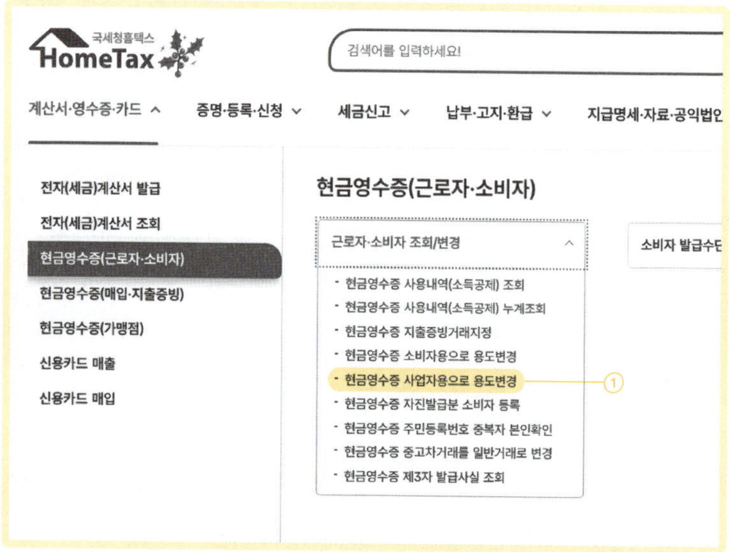

사업자용으로 용도변경

· 본 화면은 소득공제용(소비자용)으로 받은 현금영수증을 지출증빙용(사업자용)으로 변경신청하기 위한 화면입니다.
· 용도변경을 신청하면 신청후 세무서 담당 직원이 확인하여 승인처리해야 반영됩니다. 담당직원이 처리하기전까지는 신청취소 가능
· 본 화면에서 조회되는 사업장이란 본인이 대표로 되어있는 사업장 또는 홈택스상의 소비자 발급수단관리 화면에서 등록한 지출증
· 조회된 내역중 1건씩 선택하여 신청가능하며 첨부파일은 현금거래를 증빙할 수 있는 계약서, 영수증 등의 증빙서류를 첨부하면 됩

* 조회기간	2025-12-26 ~ 2025-12-26

선택	사용일시	가맹점명	사용금액	승인번호
○	2025-12-26 16:30:02	주식회사 현대렌탈케어 ②	21,900	K21477314
○	2025-12-26 16:18:59	(주) 교보문고	21,735	E46761891
○	2025-12-26 07:30:26	쿠팡 주식회사	11,900	K50241431
○	2025-12-26 00:14:09	씨제이올리브영 주식회사	47,880	G59165442

① 홈택스 > 계산서·영수증·카드 > 현금영수증(근로자·소비자) > 현금영수증 사업자용으로 용도변경

② 사업자용으로 용도변경할 항목을 선택한 후 사업자등록번호를 선택합니다. 관련 항목에 대해 사업자용으로 입증할 수 있는 서류 및 영수증을 첨부하여 등록하기 버튼을 누릅니다.

세금계산서 합계표 등의 미발급, 미제출, 부실기재한 매입세액

부가가치세 신고를 할 때 부가가치세 신고대상 기간에 수취한

매입 세금계산서를 취합한 매입세금계산서 합계표라는 것을 제출해야 합니다. 이때 매입세금계산서를 발급받지 않은 경우 또는 발급받은 세금계산서에 필요적 기재사항의 전부 또는 일부가 기재되지 않은 경우, 혹은 사실과 다르게 작성된 경우에 해당 매입세액은 공제되지 않습니다.

세금계산서 필요적 기재사항

1. 공급자의 등록번호와 성명

2. 공급받는 자의 등록번호

3. 공급가액과 부가가치세액

4. 작성연월일

또 이를 취합한 매입세금계산서 합계표를 제출하지 않거나 제출한 매입처별 세금계산서 합계표 기재사항 중 세금계산서 필요적 기재사항이 누락되었거나 잘못 작성한 경우, 매입세액은 공제되지 않습니다.

요즘은 대부분 전자세금계산서를 발행하기 때문에 필요적 기재사항이 누락되는 경우는 많지 않아요. 하지만 필요적 기재사항을 잘못 작성해 부실기재 처리되어 매입세액이 공제되지 않는 경우가 종종 있습니다. 따라서 세금계산서를 주고받을 때 제대로 작성했는지 꼼꼼히 확인하세요.

비영업용 승용차의 구입, 임차 및 유지에 관련된 매입세액

　차량과 관련해서 발생하는 비용에는 차량을 구입한 비용 혹은 차량을 임차했을 때 발생하는 리스료, 렌트료가 있습니다. 그리고 차량을 유지하기 위해 발생하는 수리비, 유류대 등이 있어요. 그러나 세법에서는 차량과 관련된 비용에 대해 비용처리의 한도, 자동차 업무전용보험 가입, 부가가치세 불공제 등의 제도를 두고 적정한 수준으로 관리하고 있습니다. 사업과 관련된 비용이라고 해도 사업자의 모든 차량에 대해 규제 없이 세금 혜택을 주게 되면 사업자와 비사업자의 세무 공정성과 형평성이 떨어지기 때문입니다.

　차량 관련 비용에 대한 매입세액 불공제에 대해 알아볼게요. 먼저 영업용 차량과 비영업용 차량을 구분해야 합니다. 택시 회사, 렌터카 회사, 운전학원과 같은 업종의 경우, 자동차 자체가 영업 수단이므로 영업용 차량에 해당합니다. 이들 업종의 경우 차량 구입 및 유지 비용은 사업의 매출과 관련하여 필수적으로 발생하는 비용이기 때문에 규제하지 않습니다. 따라서 해당 업종에서 구입한 차량은 차종에 상관없이 부가가치세 공제가 가능합니다.

그 외의 업종에서 운행하는 차량은 '비영업용 차량'으로 봅니다. 일반 사업체에서 단순히 업무 편의 목적으로 사용하는 차량을 말합니다. 간혹 "비영업용 승용차로 부가가치세 공제를 받을 수 없어요" 하고 이야기하면, "사업할 때 운행했는데 왜 비영업용이냐"고 반문합니다. 여기서 말하는 영업용이란 사업용과는 다른 의미이기 때문에 구분해야 합니다. 일반적으로 우리가 운행하는 차량은 비영업용 차량입니다. 비영업용 차량과 관련된 지출액에 대한 부가가치세 공제는 추가로 판단해야 할 것이 있습니다. 바로 개별소비세 과세대상 여부입니다. 비영업용 승용차의 경우라도 차종에 따라 매입세액공제 여부가 달라집니다. 개별소비세가 과세되는 차량 경비에 대해서는 앞에서 말한 것처럼 구입비용, 임차비용 및 유류대에 대해서 매입세액공제를 해주지 않습니다. 반면 개별소비세가 과세되지 않는 차량인 경차, 9인승 이상 승합차, 화물차에 해당한다면 부가가치세 공제를 받을 수 있습니다.

개별소비세가 과세되지 않는 차량

∘ 배기량 1000cc 이하의 국민차인 마티즈, 모닝, 비스토, 레이, 캐스퍼 등

∘ 길이 3.6미터 이하, 폭 1.6미터 이하인 전기차

∘ 배기량 125cc 이하의 이륜자동차

◦ 승합자동차(탑승인원 9인승 이상)

◦ 화물승합차에 해당하는 라보, 다마스 등

개별소비세 과세 차량

◦ 캠핑용 자동차

◦ 8인승 이하 승용차(SUV 포함)

◦ 배기량 125cc 초과의 이륜자동차

면세사업 및 토지 관련된 매입세액

부가가치세 면세사업자인 경우, 매출액에 대해 부가가치세가 발생하지 않습니다. 따라서 면세사업자는 부가가치세 신고를 하지 않고, 수취하는 매입 세금계산서는 모두 매입세액이 불공제됩니다. 과세사업자는 매출액에 대해서 부가가치세를 납부하므로 매입액에 대해 부가가치세를 공제해 주는 것이죠. 반대로 면세사업자는 매출액에 대한 부가가치세가 면제됐기 때문에 부가가치세 공제까지 해주는 것은 큰 혜택으로 작용할 수 있어 공제해 주지 않습니다.

정리하면 매출액에 대해 부가가치세를 납부하는 과세사업자에

겐 매입세액공제라는 혜택을, 매출액에 대해 부가가치세 면제 혜택을 받은 면세사업자에겐 매입세액 불공제를 적용하는 것이죠. 과세사업과 면세사업을 동시에 하는 과면세 겸영사업자의 경우는 과세 매출액에 대한 매입액의 매입세액은 공제되고, 면세 매출액에 대한 매입액의 매입세액은 공제되지 않습니다.

같은 맥락으로 토지와 관련된 매입세액 역시 공제되지 않습니다. 토지는 대표적인 부가가치세 면세 대상 자산입니다. 토지를 사고팔 때 부가가치세가 발생하지 않기 때문에, 토지를 취득하거나 보유하고 있는 과정에서 발생하는 비용에 대한 매입세액 또한 공제받을 수 없는 것이죠. 여기서 주의할 점은 건물은 부가가치세 과세 대상 자산이라는 것입니다. 따라서 건물의 취득이나 건물을 보유하면서 발생하는 매입세액은 공제가 가능합니다. 그러므로 토지와 건물을 함께 양도하는 경우 토지와 건물 자산 가격을 명확하게 구분해야 합니다.

기업 업무추진비와 유사한 비용의 지출과 관련된 매입세액

기업 업무추진비(접대비)는 사업을 함으로써 발생하는 비용입니다. 실제로 사업을 하다 보면 거래처 담당자와 식사를 하거나,

명절 선물을 주고받는 것이 흔합니다. 이런 지출은 사업과 관련된 활동이 맞습니다. 하지만 세법에서는 기업 업무추진비에 대해서는 제한을 두고 있습니다. 단순한 식사나 선물을 넘어 지나칠 경우 불건전한 영업활동이 될 수 있기 때문입니다. 이러한 지출을 규제 없이 인정한다면 기업 활동이 건전한 경쟁으로 이뤄지기 어렵습니다. 그래서 경비처리 시 기업 업무추진비 한도를 두고, 부가가치세 신고할 때 이에 대한 매입세액을 불공제함으로써 과도한 접대 관련 지출을 방지하고 있습니다.

정리하면 식사를 하더라도 거래처와 식사한 비용은 기업 업무추진비로 분류해 부가가치세가 공제되지 않습니다. 반면 직원과 식사한 비용은 복리후생비로 분류해 부가가치세가 공제됩니다. 따라서 누구에게 제공했는지에 따라 기업 업무추진비로 분류될 수도 있고, 그 외의 비용으로 분류될 수도 있습니다. 기업 업무추진비 또한, 세무대리인의 판단보다는 그 비용을 직접 지출하는 당사자가 가장 정확하게 파악할 수 있겠죠.

- 거래처와 함께 한 식사비용 : 기업 업무추진비
- 직원과 함께 한 식사비용 : 복리후생비(부가가치세 공제)
- 거래처에 제공한 명절선물 : 기업 업무추진비
- 직원에게 제공한 명절선물 : 복리후생비(부가가치세 공제)

비용처리와 부가세 공제는 다르다

많은 사업자들이 부가가치세 신고 때마다 "비용처리가 된다고 해서 썼는데 왜 부가가치세가 이렇게 많이 나오냐" 이야기합니다. 이는 비용처리라는 개념과 부가가치세 공제라는 개념을 혼동하기 때문입니다.

비용처리란 간단히 말하면 종합소득세 혹은 법인세, 즉 소득세를 줄여주는 것입니다. 하지만 비용처리가 된다고 해서 부가가치세 공제가 된다는 말은 아닙니다. 비용처리와 부가가치세 공제는 별개로, 부가가치세 공제는 납부해야 할 부가가치세를 줄여주는 것이에요. 비용처리는 부가가치세 공제보다 넓은 개념으로 사업과 관련된 경비라면 가능해요.

반면 부가가치세 공제는 사업과 관련된 경비여야 하는 것은 물론, 여기에 적격증빙을 갖춰야 합니다. 더불어 부가가치세 불공제 항목에 해당하면 안 됩니다.

> 부가가치세 공제 : 적격증빙 수취 & 부가가치세 불공제 항목에 해당하지 않을 것
>
> 비용처리 : 사업과 관련된 직·간접 비용(적격증빙 미수취 시 가산세가 발생하나 비용처리 가능)

예를 들어볼까요. 많은 사람들이 헷갈리는 부분이 차량과 관련된 비용입니다. 이를테면 차량 리스료·렌탈료, 유류대의 경우 비용처리가 가능합니다. 그러나 부가가치세 공제 여부는 앞서 말했듯 차종에 따라 결정됩니다. 다만, 운수업, 자동차판매업, 자동차임대업, 운전학원업, 경비업(경비업법에 따른 출동차량에 한함) 및 이와 유사한 업종을 영위하는 자가 직접 영업용으로 사용하기 위해 취득한 차량 구입비와 매입세액공제 가능 차량에 대한 주유비, 수선비 등의 유지비용은 매입세액공제가 가능합니다.

9인승 카니발, 비용처리와 부가가치세 공제 가능할까요?

9인승 카니발은 개별소비세가 과세되지 않는 차량이므로 구

입비는 종합소득세 혹은 법인세 비용처리 시 '한도 없이' 가능합니다. 또 부가가치세 매입세액공제 차량으로 분류되어 부가가치세 매입세액공제도 받을 수 있어요. 발생하는 유류대, 수리비 역시 부가가치세 매입세액공제를 받을 수 있습니다.

그랜저, 비용처리와 부가가치세 공제 가능할까요?

그랜저는 개별소비세 과세 차량입니다. 따라서 종합소득세 혹은 법인세 비용처리가 가능하나 '한도가 발생' 합니다. 비용 한도는 1,500만 원입니다(자세한 내용은 171쪽 참고). 또 매입세액 불공제 차량으로 분류됩니다. 따라서 그랜저 차량을 구입한 경우, 구입대금의 부가가치세는 공제받을 수 없습니다. 차량 유지를 위해 발생하는 유류대, 수리비 역시 부가가치세 공제를 받을 수 없습니다.

고객 식사 대접, 비용처리와 부가가치세 공제 가능할까요?

고객과 함께 식사를 하거나 골프를 쳤다면, 기업 업무추진비로 분류됩니다. 사업과 관련하여 발생할 수밖에 없는 비용이지만 비용처리 한도를 정해놓았습니다. 중소기업은 3,600만 원이며, 매출액의 일정요율을 적용한 추가 한도가 있습니다. 또 앞서 설명했듯, 기업 업무추진비는 비용처리는 되지만 부가가치세 불공제 항목으로 분류되어 부가가치세는 공제되지 않습니다.

이처럼 부가가치세 공제가 되지 않으나 종합소득세 혹은 법인세 비용처리가 가능한 항목이 있습니다. 부가가치세 공제와 종합소득세(혹은 법인세) 비용처리 규정이 동일하다면 세금 처리가 지금보단 훨씬 간편하겠죠. 부가가치세법과 소득세법, 법인세법이 모두 각각 규정하고 별개로 움직이기 때문에 안 그래도 어려운 세금이 더 어렵게 느껴지는 건 사실입니다.

내용은 어렵지만, 간단하게 생각하세요. 비용과 관련하여 절세 효과를 확인하고자 할 때, 부가가치세 절감 효과가 있는 부가가치세 공제 항목인지, 소득세(혹은 법인세) 절감 효과가 있는 비용처리 가능 항목인지 파악하면 됩니다.

누구나 쉽게 단번에 파악할 수 있는 항목은 병원비, 약국, 해외여행비, 백화점 구입내역 등의 사적 경비입니다. 사업과 관련이 없는 비용은 종합소득세 비용처리도 부가가치세 공제도 되지 않는다는 점 잊지 마세요. 부가가치세 공제 여부, 종합소득세(혹은 법인세) 비용처리 여부가 각각 다르게 움직인다는 사실만 이해해도 세금이 한결 쉽게 느껴질 거예요.

사업용 카드와 부가가치세 공제

사업을 하며 발생하는 비용은 적격증빙을 수취해야 부가가치세 매입세액공제가 가능하다고 말씀드렸습니다. 적격증빙은 세금계산서, 계산서, 카드발행전표, 현금영수증 지출증빙용, 4가지를 말합니다. 세금계산서와 계산서는 대부분 사업자와 사업자간의 계약에 의한 거래로 진행되기 때문에 누락하는 경우가 많지 않습니다.

하지만 카드 결제를 하고 받는 영수증인 카드발행전표는 조금 다릅니다. 법인사업자는 법인카드가 자동으로 홈택스에 등록되기 때문에 별도의 등록 절차가 필요하지 않습니다. 그러나 개인사업자는 은행에서 사업자 카드라고 해서 발급받았더라도 반드시 홈택스에 등록하는 절차가 필요해요.

사업용 신용카드 홈택스에 등록하는 방법

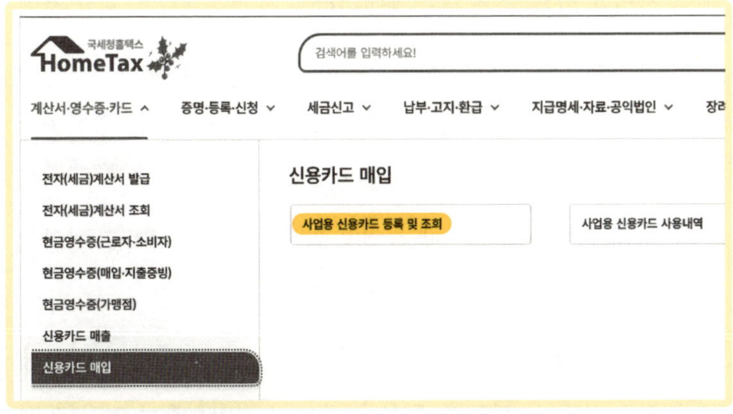

① 홈택스 > 계산서·영수증·카드 > 신용카드 매입 > 사업용 신용
카드 등록 및 조회

② 사업용 카드 전체 번호를 입력하고 등록, 접수하기 버튼 클릭

사업용 신용카드 사용내역은 국세청과 납세자의 의견 차이가 많이 갈리는 항목입니다. 개인사업자인 경우, 개인적 사용과 사업 관련 사용 내역이 섞여있는 경우가 많고, 이를 명확하게 구분하기 애매한 부분도 많기 때문입니다. 그래서 사업용 카드와 관련해 가장 문의가 많은 내용을 정리해 볼게요.

Q. 홈택스에 등록 누락한 카드내역에 대해서는 경비처리와 부

가가치세 공제를 받을 수 없나요?

A. 사업용 카드 등록을 누락했더라도 사업용으로 사용한 것이 명백하다면, 부가가치세 신고 시 수기로 반영해 부가가치세 매입세액공제를 받을 수 있습니다. 개인사업자는 업무용과 개인 사용분을 매번 카드를 달리해 결제하는 것이 쉽지 않지요. 따라서 홈택스에 사업용 카드를 등록하더라도 개인적으로 사용한 부분은 제외해야 합니다.

또 개인사업자는 카드 등록 누락이 많은 편인데요. 개인용 카드, 사업용 카드를 모두 등록해서 개인적으로 사용한 것만 제외하고 신고하는 방법을 추천합니다. 개인용 카드로 결제한 사업과 관련된 경비 누락을 막을 수 있어요.

Q. 대표자 본인 명의 카드가 아니라 가족 명의 카드 혹은 직원 명의 카드로 결제한 내역도 경비처리와 부가가치세 공제 가능한가요?

A. 네! 부가가치세 매입세액공제도 가능하며, 소득세 비용처리도 가능합니다. 사업과 관련되어 사용한 것이 명백하다면 가족과 직원 명의의 카드 사용내역을 반영할 수 있습니다. 단, 그 외 타인 명의의 카드는 반영할 수 없어요. 더불어, 가족이나 직원이 근로소득자인 경우, 연말정산 진행 시 부가

가치세 신고에 반영된 카드내역은 제외하고 연말정산을 해야 합니다. 그렇지 않으면 하나의 결제내역에 대해 이중으로 세금처리가 되기 때문에 과다공제로 인한 세무 문제가 발생할 수 있어요. 따라서 가능하다면 대표자 명의의 카드만 사용할 것을 추천드립니다.

Q. 1인 사업자가 본인 식대를 카드로 결제한 경우, 경비처리와 부가가치세 공제 가능한가요?

A. 1인 개인사업자가 지출한 본인식대는 가사경비 또는 사업과 무관한 경비로 보기 때문에 사업용 카드로 등록한 카드라 할지라도 부가가치세 공제 및 비용처리가 되지 않습니다.

Q. 홈택스에 등록한 사업용 카드로 해외출장 경비를 결제했어요. 경비처리와 부가가치세 공제 자동으로 가능한가요?

A. 아닙니다. 굉장히 누락이 많은 항목입니다. 홈택스에 사업용 카드를 등록했어도, 해외에서 결제한 내역 및 해외 플랫폼을 통해 결제한 내역은 조회되지 않습니다. 홈택스에서 조회되는 사업용 카드 사용내역은 국내 거래에 한정하고 있기 때문입니다. 소득세 비용처리를 하려면 카드사 홈페이지에서 해외승인내역을 파일로 다운로드해 세무대리인에게

전달해야 합니다.

한편 이 해외결제분의 부가가치세는 매입세액공제가 되지 않습니다. 부가가치세 매입세액공제는 국내 거래분에서 발생하는 부가가치세를 조정해 주는 제도이기 때문에 국외 거래에 대해서는 매입세액공제를 받을 수 없어요.

부가가치세를 줄이기 위해 활용하면 좋은 제도

의제매입세액공제

부가가치세 납부세액은 매출세액에서 매입세액을 차감하는 구조입니다. 매출세액과 매입세액은 모두 과세물품을 판매하거나 구입했을 때 발생하는 것이죠. 이때 부가가치세가 면제되는 원재료를 구입해 매출을 발생시켰을 때는 불합리한 점이 발생합니다. 부가가치세 매입세액공제는 없는데 매출액에 대해서는 부가가치세를 납부해야 하기 때문입니다. 이를 해소하기 위해 만든 제도가 의제매입세액공제입니다. 부가가치세가 면제된 원재료의 구입대금 일부를 부가가치세 매입세액으로 보고 차감해 주는 것이죠.

의제매입세액공제는 말 그대로 '의제', 실제로는 없지만 있다고 간주해서 인정해 준다는 의미입니다. 그렇기 때문에 의제매입세액공제는 일정 요건과 한도가 있습니다. 공제를 받으려면 부가가치세 신고 시 관련 신고서를 첨부하면 됩니다.

의제매입세액공제 요건

◦ 공제 대상자 : 일반과세자

◦ 매입 기준 : 부가가치세 면세 원재료 구입(농산물, 축산물, 수산물 또는 임산물)

◦ 매출 기준 : 해당 원재료로 제조·가공한 재화 또는 서비스에 부가가치세가 과세되는 경우

의제매입세액 공제율

구분		공제율	기타
음식점	개인	9/109	매출액 2억 이하 (2026.12.31까지)
		8/108	매출액 2억 초과
	법인	6/106	
유흥주점		2/102	

제조업	제조업 중 과자점업 등	6/106	도정업, 제분업, 떡류 제조업 중 떡방앗간을 운영하는 개인사업자
	제조업(중소기업)	4/104	
	기타 업종	2/102	

의제매입세액 한도

구분	과세표준	음식점	그 외 업종
개인	2억 원 초과	60%	55%
	1억 원 초과	70%	65%
	1억 원 이하	75%	
법인		30%(2025.12.31까지 50%)	

신용카드 발행세액공제

국세청은 세원확보를 위해 근로자의 연말정산 시 카드결제와 현금영수증 발급 소득공제 혜택을 확대해왔습니다. 모든 거래 내역이 전산을 통해 기록되어 과세자료 확보에 용이하기 때문이죠. 그 결과 현금거래보다 카드결제나 현금영수증 발급 요청이 늘어

사업자에게 카드결제 수수료 등의 세 부담이 전가되는 상황이 발생했습니다. 그래서 국세청이 이를 일부 감면해 주고자 신용카드 발행세액공제라는 제도를 도입했습니다. 이 공제는 개인사업자로서, 주로 최종 소비자와 거래를 하는, 주로 현금수입이 발생하는 사업자가 대상입니다.

신용카드 등 발행세액공제 해당 업종

- 소매업, 음식점업, 숙박업, 목욕 이발 미용업, 여객 운송업, 입장권을 발행하는 업
- 변호사, 변리사, 법무사, 세무사, 건축사업의 공급가액 중 사업자가 아닌 자와의 거래분
- 주로 사업자가 아닌 소비자에게 재화 용역을 공급하는 다음의 사업 건물건설업, 주거용 건설업, 운수업, 주차장업, 부동산중개업, 사회 개인 가사서비스업
- 과세대상으로 전환된 의료업(미용, 성형)
- 기타 위와 유사한 업으로서 세금계산서의 교부가 불가능하거나 현저히 곤란한 사업

참고로 이 제도는 직전 연도 매출액(부가가치세 과세표준)이 10억 원 초과인 개인사업자는 혜택을 받을 수 없습니다. 법인사업자는

매출액과 상관없이 적용받지 못합니다.

> 공제대상 : 직전 연도 매출액이 10억 원 이하인 개인사업자
>
> 공제율 : 1.3%
>
> 공제한도 : 연간 1,000만 원(2026년까지)
>
> ※ 납부세액을 한도로 하기 때문에 환급대상 세액공제는 아닙니다.

　부가가치세 신고 시 해당 사업자의 매출액 중 신용카드, 직불카드, 현금영수증, 전자결제 수단을 통해 발생한 매출액의 일정 비율을 곱해 납부할 부가가치세에서 공제해 줍니다. 공제를 받으려면 부가가치세 신고 시 관련 신고서를 첨부하면 됩니다. 이 제도를 활용하면 최대 1,000만 원까지 부가가치세 납부세액에서 차감되기 때문에 부가가치세 절감 효과가 큰 편입니다. 그러므로 신용카드 발행세액공제 혜택을 받고 있는 10억 원 이하의 개인사업자라면, 사업형태를 법인으로 전환하게 되면 부가가치세에서 큰 손해를 볼 수도 있습니다. 사업형태를 변경하고자 할 때 고려해 결정하세요.

　직전 연도 과세매출과 면세매출을 포함한 합계액이 3억 원 미만인 개인사업자 혹은 신규로 사업을 개시한 사업자가 전자세금계산서를 발급한 경우, 발급 건수 등을 고려하여 세액공제를 해주는 제도입니다. 전자세금계산서 발급 건당 200원을 부가가치세 납부세액에서 차감해 주며 공제한도는 100만 원입니다. 전자세금계산서 발급을 장려해 투명한 거래를 유도하기 위한 제도로 소액이지만 챙기면 좋은 부가가치세 절감 혜택입니다. 공제를 받으려면 부가가치세 신고 시 관련 신고서를 첨부하면 됩니다.

Part 03

원천세부터
4대보험까지

인건비의 모든 것

인건비의 기본, 원천세

1인 사업자로 시작해 사업이 커지면 필연적으로 발생하는 것이 인건비입니다. 직원을 뽑게 되면 1인 사업일 땐 발생하지 않던 원천세부터 4대보험까지 고려할 것이 많습니다. 3장에서는 직원을 고용했을 때 발생하는 세금에 대해 알아봅니다.

직원을 고용해 급여를 지급하거나 프리랜서에게 용역대금을 지급할 때 가장 먼저 배우게 되는 세금 개념이 '원천세'입니다. 누구나 한 번은 원천세라는 것을 떼고 급여를 받아본 적이 있을 겁니다. 아르바이트를 하거나 회사를 다니면서 실제로 받는 급여를 흔히들 '세후' 금액이라고 표현하는데요. 세금을 제외하고 받은 금액이기 때문이죠. 바로 이 세금이 원천세이며, 원천세는 소득세와 지방소득세를 말합니다. 그리고 소득세와 지방세를 차감하는 과정을 '원천징수'라고 합니다.

원천징수는 원천징수 대상이 되는 소득(급여)이나 수입금액(사업소득자의 용역대금)을 지급할 때 이를 지급하는 자가 해야 합니다. 즉, 지급하는 자가 원천징수 의무자가 되는 것이죠. 국세청에서 급여를 받는 사람들에게 일일이 소득세와 지방소득세를 걷을 수 없기 때문에 소득을 지급하는 자에게 해당 의무를 부여하고 급여를 지급하기 전에 소득세와 지방소득세를 미리 떼도록 합니다. 그렇게 뗀 소득세와 지방소득세는 다음 달 10일에 납부해야 해요.

따라서 직원을 고용하거나 프리랜서에게 용역을 의뢰했다면, 지급한 달의 다음 달 10일까지 원천징수한 소득세와 지방소득세를 납부하세요. 그러나 매월 납부하기에는 일정이 부담스러울 수 있는데요. 국세청에서는 아래와 같이 '반기별 납부대상자'를 정하고 있습니다.

- 반기별 납부대상자
  직전 과세기간(신규 사업자는 신청일이 속하는 반기) 상시 고용인원이 20인 이하인 사업자(금융보험업 제외), 종교단체로서 세무서장의 승인 또는 국세청장의 지정을 받은 자
- 신청기간

상반기부터 반기별 납부를 하고자 하는 경우 : 직전 연도 12.1~12.31

하반기부터 반기별 납부를 하고자 하는 경우 : 6.1~6.30

해당기간에 맞춰 신청을 하면 상반기 동안 원천징수한 세액을 7월 10일까지, 하반기 동안 원천징수한 세액을 다음 해 1월 10일까지 납부할 수 있습니다.

원천징수 대상 소득

원천세는 소득세로, 소득세가 발생하는 대상 소득은 아래와 같습니다.

- 봉급, 상여금 등의 근로소득
- 인적용역소득(사업소득)
- 상금, 강연료 등 일시적 성질의 기타소득
- 공급가액의 20%를 초과하는 봉사료
- 이자소득, 배당소득
- 퇴직소득, 연금소득

이 중 사업자 입장에서 자주 발생하는 것은 근로소득과 사업소득이겠죠. 먼저 근로소득의 예를 들어볼까요? 직원의 월 급여를 300만 원이라고 가정해 보겠습니다.

구분	금액	비고
월 급여(세전)	3,000,000	
국민연금	142,500	월 급여액의 4.75%
건강보험료	107,850	월 급여액의 3.595%
장기요양보험료	13,960	건강보험료의 12.95%
고용보험료	27,000	월 급여액의 0.9%
소득세	74,350	간이세액표 기준
지방소득세	7,430	소득세의 10%
실수령액	2,626,910	

위 내역 중 소득세와 지방소득세, 즉 원천세를 회사에서 징수해 소득세는 국세청, 지방소득세는 지자체에 지급한 달의 다음 달 10일까지 납부하는 것입니다.

다음은 사업소득의 예입니다. 유튜브 편집을 의뢰 맡긴 프리랜서 PD에게 300만 원을 지급한다고 가정해 보겠습니다.

수입금액(세전) :　　3,000,000원

소득세(3%) :　　90,000원

지방소득세(0.3%) :   9,000원

실수령액: 2,901,000원

이 또한 소득세와 지방소득세는 회사에서 징수해 소득세는 국세청, 지방소득세는 지자체에 지급한 달의 다음 달 10일까지 납부합니다.

인건비를 지급한 달의 다음 달 10일(반기납의 경우, 상반기 지급분 : 7월 10일, 하반기 지급분 : 다음 해 1월 10일)까지 원천세를 납부하지 않으면 가산세가 발생합니다. 이때 납부불성실 가산세가 발생하며, 납부기한 이후부터 실제 납부한 날까지 매일 이자처럼 계산이 됩니다. 따라서 납부기한 내에 반드시 납부해 불필요한 지출이 없게 유의하세요. 원천징수를 아예 하지 않아서 신고를 안 했거나 신고를 잘못한 경우에도 마찬가지로 가산세가 발생합니다.

1인 사업자로 혼자서 세금 처리를 잘 해왔어도 인건비가 발생했을 때 대부분 세무대리인에게 의뢰하게 되는 이유가 바로 이 원천세 때문입니다. 그래도 원천세 신고서는 지급한 인원의 인적사항과 지급한 금액, 원천징수한 세금만 작성하여 제출하기 때문에 다른 신고서보다는 간편한 편입니다. 문제는 원천세 신고와 별개

로 여기서 파생해 함께 처리해야 하는 것들이 많다는 것입니다. 근로자를 고용했다면 4대보험 신고도 병행해야 하며, 지급명세서 제출의무가 발생해 간이 지급명세서, 정기 지급명세서를 기한 내에 제출해야 합니다. 이 또한 미제출 혹은 부실 제출하면 가산세가 발생합니다.

이렇듯 1인 사업자였다가 직원을 고용하거나 프리랜서에게 외주를 주게 되는 순간부터 신경 써야 할 일이 많아지는데요. 지금부터가 제대로 세금의 세계에 발을 들인 것이라고 보면 됩니다.

근로소득과 사업소득, 무엇이 더 유리할까?

직원을 처음 고용하기로 결정했다면 가장 먼저 고민하는 것이 근로소득으로 신고해야 할지, 사업소득(프리랜서 등)으로 신고해야 할지입니다. 사실 이는 우리가 선택할 수 있는 사항은 아닙니다. 원칙적으로 고용관계라면 당연히 4대보험을 가입하는 근로소득으로 신고해야 합니다. 하지만 우리나라의 4대보험료율을 따지다 보면 고용주도 근로자도 4대보험 가입을 원치 않는 경우가 종종 있습니다. 그래서 실제 직원임에도 불구하고 근로소득이 아닌 사업소득으로 신고하는 경우가 있어요.

그럼 먼저 근로소득과 사업소득의 차이를 살펴볼까요?

구분	근로소득	사업소득
4대보험 부담	대표자와 직원 공동 부담	대표자 부담금 X
실업급여/산재처리	O	X
정부지원금	O(요건에 맞다면)	X
세액공제 혜택	직원 관련 경비 부가세 공제 통합고용세액공제 등	직원 관련 경비 부가세 공제 X 통합고용세액공제 등 X
근로기준법	적용 O	적용 △
추징 리스크	X	O

직원 급여를 근로소득으로 신고하느냐, 사업소득으로 신고하느냐에 따라 4대보험 부담부터 실업급여, 산재처리, 정부지원금, 세액공제 혜택, 근로기준법 적용 등 다양한 부분에서 차이가 발생합니다. 자세히 살펴보겠습니다.

4대보험

근로소득으로 신고한다면 4대보험을 필수적으로 가입해야 합니다. 4대보험은 국민연금, 건강보험료, 고용보험료, 산재보험료를 말하며 대표자와 직원이 공동 부담하는데, 사업주 부담이 살짝

높아요. 반면 사업소득으로 신고하면 대표자의 근로자 4대보험 부담은 없습니다.

실업급여와 산재처리의 경우, 근로소득으로 신고하면 4대보험을 가입하므로 직원이 혜택을 받을 수 있습니다. 반대로 사업소득으로 신고하면 4대보험에 가입하지 않았기 때문에 혜택을 받을 수 없습니다.

정부 입장에서는 당연히 근로소득으로 신고하는 방법을 선호합니다. 4대보험에 의무적으로 가입되기 때문이죠. 근로소득 신고를 늘릴수록 사회복지 안전망이 강화되고, 빈곤·실업·의료 사각지대가 줄어듭니다. 그래서 4대보험 가입을 유도하기 위해 요건에 해당하는 경우, 직원 급여의 일부를 정부가 보전해 주거나 사업장의 세금을 줄여주는 등의 혜택으로 지원하고 있습니다.

4대보험료율

구분	근로자	사업주	기타
국민연금	4.75%	4.75%	
건강보험	4.06%	4.06%	장기요양보험료 포함
고용보험	0.9%	0.9%+(0.25~0.85%)	근로자 수에 따라 사업주 보험료율 다름
산재보험	부담 X	0.56~18.56%	업종에 따라 보험료율 다름

※ 2026년 기준

4대보험은 근로자의 총 급여액 중 비과세 금액을 제외한 과세 급여에 해당 요율을 곱해서 계산합니다. 비과세 금액은 대표적으로 비과세 식대 20만 원, 자가운전보조금 20만 원이 있습니다. 네이버에 '실수령액 계산기'를 검색하면 월 급여를 입력해 간단하게 계산할 수 있어요.

국민연금은 대표자와 근로자가 각각 4.75%를 부담하고, 건강보험료(장기요양보험료 포함)는 대표자와 근로자가 각각 4.06%를 부담합니다. 고용보험은 근로자는 0.9%만 부담하며, 대표자는 0.9%에 최소 요율을 적용할 경우 0.25%(150인 미만 기업)를 추가 부담해 최소 1.15% 부담하게 됩니다. 산재보험은 근로자의 부담분은 없으며, 대표자가 전액 부담하고 업종에 따라 산재 발생 위험이 다르기 때문에 업종에 따른 요율을 적용합니다.

퇴직금 & 근로기준법 적용

상담을 하다 보면 간혹 4대보험 가입을 안 하면, 근로기준법이 적용되지 않아 직원이 퇴직할 때 퇴직금이 발생하지 않는다고 생각하는 사람들이 있습니다. 4대보험과 퇴직금 발생 여부는 관련이 없습니다. 퇴직금은 4대보험을 가입하든 안 하든 근로자의 근로자성이 있다고 판단되면 지급 의무가 있어요. 즉, 4대보험을 가입하지 않고 사업소득으로 직원 급여를 신고해도 근로자 성격이 있는 근로자라면, 퇴직 시 퇴직금을 지급해야 합니다. 그러므로 실제 근무 장소와 시간이 정해진 업무를 하는 직원이라면, 4대보험으로 신고하는 게 좋습니다. 그렇지 않은 경우 4대보험 추징 위험이 있어요.

● **근로자성 체크리스트**

1. 사용자 지휘·감독 여부

- 업무수행 방식·절차를 사용자가 구체적으로 지시하는가?

- 출퇴근 시간, 근무 장소를 사용자가 정하고 관리하는가?

- 업무수행 중 보고·승인 절차가 필수적인가?

2. 근무형태의 종속성

- 정해진 시간(예 : 오전 9시~6시)에 근무해야 하는가?

- 회사 사무실·고정된 장소에서만 근무하는가?

- 대체 인력을 자유롭게 쓰지 못하고 본인이 직접 수행해야 하는가?

3. 보수 지급 방식

- 매월 정기적으로 고정급(급여처럼)을 받는가?

- 성과나 매출이 아니라 근로시간에 따라 보수가 산정되는가?

- 4대보험 가입 여부는 어떻게 되어 있는가?

4. 업무 도구·비품 제공

- 업무에 필요한 장비(컴퓨터, 프로그램, 사무용품 등)를 회사가 제공하는가?

- 본인이 장비를 마련하지 않고 회사 자원을 사용하는가?

5. 독립성 및 위험부담

- 업무 성과에 따른 이익·손실을 본인이 부담하는가, 회사가 부

담하는가?

- 거래처나 클라이언트를 직접 확보하지 않고 회사만을 통해서 일하는가?

6. 조직 내 편입 정도

- 회사 내 규정(근태규정, 복무규정, 인사규정 등)을 적용받는가?
- 직원들과 동일하게 회식·회의·보고체계에 참여하는가?
- 명함이나 이메일 주소가 회사 명의로 발급되었는가?

7. 계약 형식과 실질 비교

- 계약서상으로는 '위탁계약/도급계약/프리랜서 계약'이지만, 실질적으로는 상시·지속적인 근로 제공 형태인가?
- 계약서 내용과 실제 근무 실태가 괴리되는가?

4대보험 추징 위험

최근 프리랜서로 계약한 인력에 대해 4대보험 공단에서 실태조사를 많이 하고 있습니다. 그 결과, 근로자로 판단되는 경우 수년치의 보험료를 소급해 추징하는 사례가 증가하고 있어요. 근로자를 4대보험에 가입하는 근로소득이 아닌 3.3% 프리랜서로 신고하는 경우 발생하는 대표적인 위험입니다.

‘프리랜서’라는 말이 계약서에 적혀있다고 해서, 법적으로 그 지위를 인정받는 것은 아닙니다. 근로자성 판단은 전적으로 실제 근무형태와 종속성 여부에 달려있습니다(앞의 근로자성 체크리스트 참고). 4대보험 공단은 근로자성이 확인되는 즉시, 과거 미가입 기간에 대한 보험료를 소급해 부과할 수 있다는 점 기억하세요. 이때 추징되는 보험료 범위는 ‘사업주 부담분’만이 아니라 ‘근로자 부담분’도 포함됩니다. 단순히 4대보험료가 아까워서 근로자를 3.3% 프리랜서 형태로 계약하면 이렇게 위험이 큽니다.

처음부터 실제 근무방식과 계약구조를 일치시켜, 프리랜서 계약을 유지하고 싶다면 아래와 같은 조건을 갖추면 도움이 됩니다.

- 결과물 위주의 계약서 작성
- 근무시간과 장소에 대한 자율성 보장
- 지시와 감독이 아닌 협업 또는 위탁 형태의 업무 구조
- 복수 거래처와의 계약이 가능한 조건

아무리 작은 사업장이라고 해도 근로자를 고용하거나 프리랜서에게 외주를 줄 때는 근로계약서나 용역계약서를 작성하는 습관을 들이는 게 좋습니다.

정부는 사업주에게 지원금을 제공함으로써 일자리 창출, 실업률 감소, 취약계층 보호, 산업구조 전환 촉진 등의 목적을 달성하려고 합니다. 단기적으로는 사업장의 인건비 부담을 덜어주고, 장기적으로는 사회 안정과 지속가능한 성장 기반을 마련하려는 정책적 수단이에요. 고용과 관련된 정부지원금은 고용24 사이트(www.work24.go.kr)에서 확인할 수 있습니다.

대표적인 정부지원금에 대해 정리해 볼게요. 정부지원금은 매년 예산에 따라 축소되거나 아예 없어지는 경우도 있습니다. 아래는 2025년 현재 기준, 고용과 관련된 정부지원금 내용입니다.

● 청년을 채용하거나 고용을 유지할 때 받을 수 있는 제도

1. 청년일자리도약장려금

사업장이 청년을 정규직으로 채용하고 6개월 이상 고용을 유지한 경우, 월 최대 60만 원씩 최장 12개월간 총 720만 원 지원. 지원 대상은 고용보험 피보험자 수 5인 이상인 우선지원대상기업이며, 채용한 청년은 만 15~34세로 취업애로청년(고졸 이하, 4개월 이상 실업 상태 등)에 해당해야 합니다.

2. 고용촉진장려금

취업이 곤란한 실업자를 6개월 이상 고용한 사업주에게 장려금 지급. 지원 대상자는 고용노동부가 지정한 취업지원 프로그램을 이수하고 고용센터에 구직 등록을 한 실업자입니다. 기업은 6개월 고용 유지 후 6개월마다 지급받으며, 1년간 최대 720만 원까지 받을 수 있습니다.

3. 고령자 고용지원금

만 60세 이상 고령자를 고용하고 있는 기업이 일정 인원 이상 추가 고용할 경우, 분기별로 1인당 30만 원씩 최대 2년간 장려금 지급. 단, 지원을 받기 위해선 최소 1년 이상 사업을 운영해왔고, 해당 분기 고령자 고용 인원이 과거 3년 평균보다 증가해야 합니다.

● 장애인 고용 시 받을 수 있는 제도

1. 장애인 고용장려금

장애인 의무 고용률을 초과해 장애인을 고용한 기업에게 매월 장려금 지급. 경증 장애인은 월 35~50만 원, 중증 장애인은 월 70~90만 원까지 지급되며, 여성 장애인에게는 더 높은 금액이 적용됩니다. 단, 월 임금액의 60%를 초과하지 않으며, 고용보험에 가입하고 최저임금 이상을 지급한 경우에 한해 지원됩니다.

2. 장애인 신규고용장려금

5인 이상 50인 미만 소규모 사업장이 장애인을 신규로 채용하여 6개월 이상 고용하면 지원금 지급. 지급 단가는 위 장려금과 동일하며, 1년간 최대 1,080만 원까지 받을 수 있습니다.

3. 근로장애인 전환 지원

직업재활시설에서 일하던 최저임금 적용 제외 인가 장애인이 일반 일자리로 전환할 수 있도록 단계별로 지원하는 제도.

① 전환 준비 단계에서는 직무능력 향상 훈련 및 수당 월 30만 원(최대 2년)

② 전환 지원 단계에서는 지원고용, 인턴제, 직업훈련 등 취업 연계

③ 고용 성공 시에는 사업주에게 월 90만 원, 근로자에게 최대 100만 원의 전환성공 수당이 지원됩니다.

● 근로자 고용유지와 관련된 제도

1. 고용유지지원금

일시적인 매출 감소나 경영 악화로 고용조정이 불가피할 경우, 휴업·휴직 등 고용유지 조치를 시행한 사업주에게 휴업·휴직수당의 2/3까지 지원금이 지급됩니다. 무급 휴직·휴업 시에는 평균임금의 50% 한도 내에서 실질 수령액을 기준으로 지원되며, 지원 기간은 연 180일(무급 포함 최대)까지 가능합니다.

2. 산재근로자 직장복귀지원금

산재를 입은 근로자가 원 직장에 복귀해 6개월 이상 고용이 유지된 경우, 사업주는 장해 등급에 따라 월 45만 원에서 80만 원의 지원금을 최대 12개월 동안 받을 수 있습니다. 또한 직장적응훈련비(월 45만 원), 재활운동비(월 15만 원)도 별도로 최대 3개월간 실비 지원됩니다.

3. 워라밸일자리 장려금(소정근로시간 단축제)

가족 돌봄, 본인 건강, 은퇴 준비, 학업 등의 사유로 전일제 근로자가 자발적으로 근로시간을 줄였을 경우, 해당 제도를 도입한 기업에게 월 최대 30만 원, 추가 임금보전 시 20만 원까지 지원됩니다.

※ 지원요건

- 주 35시간 이상 근로자가 자발적으로 주 15~30시간으로 단축
- 전자적 출퇴근기록 관리
- 연장근로 월 10시간 제한 등

고용 관련 지원금은 주로 청년, 장애인, 중장년층, 경력단절 여성 등 취업 취약계층을 채용하거나 고용을 유지한 경우에 받을 수 있는 제도가 많습니다. 이러한 제도는 세금과는 별개이지만, 사업

자가 일정 요건을 충족하면 실제로 현금지원 혜택을 받을 수 있어요. 따라서 채용 계획이 있다면, 미리 어떤 고용지원금이 있는지 살펴보고, 내 사업장 상황에 맞는 제도를 선택적으로 활용하면 인건비 절감에 도움이 됩니다.

세액공제 혜택

정부에서는 4대보험 근로자를 채용한 사업주에 대해 세제혜택을 주고 있습니다. 가장 먼저 근로자에게 제공한 식대와 자가운전보조금은 각각 20만 원까지 비과세를 해줍니다. 비과세란 해당 금액에 대해서는 세금도 없고, 4대보험도 발생하지 않는다는 뜻입니다. 또 근로자에게 제공한 복리후생 목적으로 사용한 경비에 대해서 부가가치세 공제도 해줍니다. 즉, 복리후생비에 대한 부가가치세 혜택이 발생하는 것입니다(부가가치세 과세사업자만 해당). 직원과 회식을 했다거나 업무 관련 의복비를 구입하는 등 직원의 복리후생 목적으로 사용한 경비는 부가가치세 10%를 공제해 줍니다. 소득세 혜택도 있습니다. 통합고용세액공제, 사회보험세액공제 등 근로자의 채용을 매년 증가시키거나 증가한 채로 유지시킨 기업에 종합소득세 혹은 법인세를 공제해 줍니다.

직원과 대표가 서로의 입장을 이해할 수 없는 예는 굉장히 많겠지만, 가장 큰 부분이 바로 급여일 것입니다. 직원 입장에서는 월급을 너무 적게 받는다고 생각하고, 대표 입장에서는 인건비가 많이 나간다고 생각하는 것이죠. 직원의 월 급여가 300만 원이라고 해볼까요? 직원은 국민연금, 건강보험료, 고용보험료, 소득세, 지방소득세를 차감하고 실수령액으로 대략 263만 원가량을 받습니다. 반면 대표 입장에서 보면 263만 원의 급여를 지급하지만, 사업장으로 별도의 4대보험 고지서가 발송됩니다. 아래와 같이 근로자 부담분과 사업주 부담분이 합산되어 638,120원이 고지된 것이죠.

근로자 급여 명세서

구분	금액	비고
월 급여(세전)	3,000,000	
국민연금	142,500	월 급여액의 4.75%
건강보험료	107,850	월 급여액의 3.595%
장기요양보험료	13,960	건강보험료의 12.95%
고용보험료	27,000	월 급여액의 0.9%

소득세	74,350	간이세액표 기준
지방소득세	7,430	소득세의 10%
실수령액	2,626,910	

4대보험 고지서(사업자)

구분	근로자 부담분	사업주 부담분	비고
국민연금	142,500	142,500	월 급여액의 4.75%
건강보험료	107,850	107,850	월 급여액의 3.595%
장기요양보험료	13,960	13,960	건강보험료의 12.95%
고용보험료	27,000	34,500	근로자 0.9%, 사업주 1.15% (150명 미만 기업)
산재보험료	-	48,000	음료제조업 (1.6% 가정)
합계	291,310	346,810	
4대보험 고지서 합계액	638,120		

거기에 식대를 별도로 지원하는 경우 1일 식대 10,000원으로 가정할 때 20일 근무 시 20만 원이 추가 발생합니다. 더불어, 퇴직금도 적립해야 합니다. 퇴직금은 퇴직금 계산이 간편한 DC형 퇴직연금으로 가정할 때, 세전 월 급여의 1/12을 적립해야 합니다. 즉 300만 원의

1/12인 25만 원을 별도로 적립하는 것이죠.

사업주 계좌 출금내역

직원 급여(세후)	2,626,910
4대보험 고지서	638,120
직원 식대	200,000
퇴직금 적립액	250,000
합계	3,715,030

근로자 계좌 입금내역

직원 급여(세후)	2,626,910

총 차액 = 1,088,120원

정리하면 사업주는 계좌에서 매월 약 370만 원이 출금되지만, 근로자 계좌에는 약 263만 원만 입금됩니다. 차이는 세금, 4대보험, 직원 식대, 퇴직금 적립액입니다. 사업주 입장에서는 '370만 원이나 주는데'라고 생각한다면, 직원은 세전 월급 300만 원이 아닌 실수령액 263만 원만 받는다고 생각하게 되는 것이죠. 급여 계산구조에 대해 파악해 본다면 조금이나마 서로의 입장을 이해할 수 있을 거예요.

4대보험 쉽게 이해하기

4대보험이란 국민연금, 건강보험(장기요양보험 포함), 고용보험, 산재보험 등 4대 사회보험을 말합니다. 노후, 질병, 실업, 산업재해 등에 대비해 국민의 기초적인 생활을 보장하기 위해 국가에서 실시하는 사회보험 제도입니다. 앞에서 설명했듯 4대보험은 사업장에 근로자가 한 명 이상 있으면 의무적으로 가입해야 하며, 보험료는 월 소득을 기준으로 산정합니다.

4대보험료율(2026.1 기준)

구분	보험료율	근로자	사용자(사업주)
국민연금	기준소득월액의 9.5%	4.75%	4.75%

건강보험	보수월액의 7.19%	3.595%	3.595%
장기요양보험	건강보험료의 12.95%	근로자 50%	사업주 50%
고용보험	실업급여 1.8% 고용안정사업 등은 전액 사업주 부담	0.9%	보수월액의 0.9% 고용안정사업 등은 사업장 규모에 따라 차이 있음
산재보험	업종에 따라 차이가 있으며 사업주 전액 부담		

국민연금

소득이 있을 때 일정한 보험료를 납부하고, 노령·장애·사망 등으로 소득이 줄거나 없어졌을 때 연금을 지급해 최소한의 생활을 보장하는 제도입니다.

가입대상

◦ 18세 이상 60세 미만인 사용자와 근로자

◦ 단시간 근로자로서 1개월 이상, 월 60시간(주 15시간) 이상 근로하는 자

◦ 60시간 미만 근로자라도 대학강사의 경우 3개월 이상 근로하여야 함

근로자적용희망자의 경우 3개월 이상 근로 및 본인이 신청해야 함

복수사업장 합산 60시간 이상 근로하는 경우, 본인이 신청해야 함

1개월 이상 근로를 제공하고, 1개월 동안 소득이 220만 원 이상인
자(매년 변동될 수 있음)

- 신고기한 : 사유발생일(취득,상실 등)이 속하는 달의 익월 15일까지
- 국민연금 보험료 산정방법 : 보수월액 x 보험료율

국민연금은 가입자의 소득월액을 기준으로 부과하며 국민연금 요율은 9.5%입니다. 기준소득월액에 상한액과 하한액이 있기 때문에 아무리 소득이 높은 사람이라도 기하급수적으로 금액이 증가하지는 않습니다.

국민연금 소득월액 상한액 637만 원 => 국민연금 605,150원
국민연금 소득월액 하한액 40만 원 => 국민연금 38,000원
(적용기간 : 2025년 7월 ~ 2026년 6월)

건강보험

건강보험은 갑작스러운 질병이나 부상으로 인한 의료비 부담을 덜 수 있도록 만든 제도입니다. 모든 국민을 대상으로 의료비 일부를 공동 부담함으로써 치료비 부담을 낮추고, 누구나 필요한

때에 적절한 의료서비스를 받을 수 있도록 하는 사회보험입니다. 건강보험 가입자는 크게 직장가입자와 지역가입자로 구분되며, 각각 보험료 산정방식이 다릅니다. 사업자가 직원을 고용할 경우 알아야 할 것은 직장가입자의 건강보험료예요.

1. 직장가입자

◦ 가입대상 : 모든 사업장의 근로자 및 사용자, 공무원 및 사립 학교 교직원

◦ 신고기한 : 사유발생일(취득, 상실 등)로부터 14일 이내 신고

◦ 직장가입자 보험료 산정방법 : 보수월액 × 보험료율

※ 근로자(직장가입자)는 월 평균 보수월액(급여)에 보험료율을 곱하여 산정합니다.

· 건강보험료율 : 7.19%, 장기요양보험료율 : 0.9311%

  (근로자와 사용자 각각 50% 부담)

(2026년 기준)

직장가입자에서 제외되는 경우

◦ 고용기간이 1개월 미만인 일용근로자

◦ 비상근근로자 또는 1개월 동안의 소정 근로시간이 60시간 미만인 단시간 근로자※

◦ 소재지가 일정하지 아니한 사업장의 근로자 및 사용자

◦ 근로자가 없거나 [※]에 해당하는 자만을 고용하고 있는 사업장 사업주

◦ 의료급여법에 의하여 의료급여를 받는 자

◦ 유공자 등 의료보호대상자로서 건강보험의 적용배제 신청을 한 자

2. 지역가입자

◦ 가입대상 : 건강보험 직장가입대상자가 아니며, 피부양자에 해당하지 않는 자

◦ 보험료 산정방법 : 건강보험료 + 장기요양보험료

· 건강보험료 = (소득월액 × 건강보험료율) + {재산(전월세 등 포함)보험료 부과점수 × 부과점수당 금액(211.5원)}

· 장기요양보험료 = 건강보험료 × {장기요양보험료율(0.9448%) / 건강보험료율(7.19%)}

· 가입자의 소득, 재산(전월세 포함)을 기준으로 각 부과 요소별로 산정한 후 합산하여 보험료를 산정합니다. (269쪽 '재산등급별 점수표' 참고)

3. 피부양자 자격요건

◦ 부양요건

· 직장가입자의 배우자, 직계존·비속(배우자의 직계존·비속 포함)

· 형제자매 원칙적으로 제외

◦ 소득요건

- 사업자등록이 있고 사업소득이 없는 경우

- 사업자등록이 없고 사업소득의 연간 합계액이 500만 원 이하인 경우

- 모든 소득(이자, 배당, 사업, 근로, 연금, 기타 등)의 합계액이 연간 2,000만 원 이하인 경우

- 주택임대소득자의 경우 사업자등록 유무와 관계없이 소득이 있는 경우 제외

- 피부양자가 기혼자인 경우에는 부부 모두 소득 요건을 충족해야 함

◦ 재산요건

- 배우자, 직계존·비속 등 재산 과표 5.4억 원 이하, 5.4억 초과~9억 원 이하는 연간소득 1,000만 원 이하

- 형제자매 재산과표 1.8억 원 이하

※ 재산 종류 : 토지, 주택, 건물, 선박, 항공기

고용보험과 산재보험

고용보험은 일자리를 잃은 근로자가 다시 일할 수 있도록 돕는 제도입니다. 단순히 실업수당을 지급하는 데 그치지 않고, 재취업 지원과 직업훈련, 고용안정 사업까지 함께 운영됩니다. 근로

자와 사업주가 함께 보험료를 부담하고, 이렇게 모인 기금으로 실직자의 생활을 잠시 안정시켜 주는 한편, 재취업과 직업능력 개발을 돕고 고용을 유지·촉진하는 사업에도 활용됩니다. 결국 고용보험은 '일을 잃은 사람을 돕는 것'을 넘어 '일이 끊기지 않게 하는 것'까지 함께 챙기는 제도입니다.

산재보험은 근로자가 일하다 다치거나 병이 났을 때를 대비한 제도입니다. 사업주가 전액 납부하며 보험료로 조성된 기금에서 재해 근로자의 치료비와 생활비를 지원하고, 재활과 사회 복귀를 돕습니다. 이를 통해 근로자와 가족의 생활 안정을 보장하는 동시에, 사업주가 한 번에 큰 보상비용을 부담하지 않게 해 기업이 안정적으로 운영될 수 있도록 지원합니다.

고용보험과 산재보험 가입

◦ 가입대상 : 근로기준법에 규정된 근로자로서 '직업의 종류를 불문하고 사업 또는 사업장에서 임금을 목적으로 근로를 제공하는 자'를 말합니다.

◦ 신고기한 : 사유발생일(취득, 상실 등)이 속하는 달의 익월 15일까지

◦ 고용보험, 산재보험 보험료 산정방법 : 보수월액 x 보험료율

근로자의 고용보험 요율은 0.9%로 정해져 있으나 사업주의 고

용보험 요율은 근로자 인원 수에 따라 달라집니다. 반면 산재보험은 사업주가 전액 부담하며, 산재보험 요율은 업종에 따라 다릅니다.

업종별 산재보험 요율

업종분류	보험료율	업종분류	보험료율
광업	5.76~18.56%	임업	5.86%
제조업	0.66~2.46%	어업	2.76%
전기가스·상수도업	0.76%	농업	2.06%
건설업	3.56%	기타의 사업	0.66~0.96%
운수·창고·통신업	0.86~1.86%	금융 및 보험업	0.56%

4대보험료를 줄여주는 지원제도, 두루누리

두루누리 사회보험료 지원사업은 소규모 사업장에 종사하는 저소득 근로자의 사회보험료 부담을 줄여주는 제도입니다.

◦ 지원대상

• 근로자수 10인 미만 사업장

- 기준소득월액 270만 원 미만 & 재산(6억 원 미만) 및 종합소득
  금액(4,300만 원 미만) 기준 충족(2025년 기준)
- 신규 사업자 : 지원신청일 직전 1년간 사업장 가입 이력이 없는 자
- 지원금액 : 사업주와 근로자가 부담하는 연금보험료, 고용보험료
  의 80%
- 지원기간
  - 근로자별 최대 36개월 지원

대표자의 4대보험료

사업주, 즉 대표자는 4대보험 중 국민연금과 건강보험만 가입대상입니다. 고용보험과 산재보험은 가입의무는 아니나, 임의로 가입을 할 수는 있습니다. 건강보험은 직장가입자와 지역가입자로 분류되는데 직원을 고용하지 않은 1인 사업자는 지역가입자로 분류됩니다. 만약 직원을 고용해 4대보험에 가입하는 경우, 대표자의 건강보험료 지위는 직장가입자로 변경됩니다.

건강보험료 지역가입자와 직장가입자는 보험료를 계산하는 방식이 다릅니다. 앞에서 살펴보았듯 지역가입자는 소득과 재산을 점수화해 점수당 보험료를 곱하여 계산합니다. 반면 직장가입자는 소득에 보험료율을 곱하여 계산해요. 이때 직장가입자라도 개인사업자는 월급이 책정되지 않으므로 종합소득세 신고로 확정된 소득을 기준으로 합니다. 소득은 적은데 재산이 많은 경우, 직장가입자로 분류되었을 때보다 지역가입자로 분류되었을 때 보험료가 더 클 수 있습니다.

국민연금은 연금납입의 상한액이 있습니다. 2025년 기준 월 소득금액 637만 원, 연 소득 7,644만 원을 상한소득으로 정하고 있습니다. 즉, 연 소득이 7,644만 원인 사람과 1억 원인 사람, 3억 원인 사람은 국민연금의 경우 동일한 금액을 납부하는 것이죠. 국민연금은 월 소득금액의 9.5%이므로 아무리 고소득자라고 하더라도 최대 국민연금 월 납입액은 605,150원이 됩니다.

건강보험료도 상한보험료가 있습니다. 하지만 그 상한액이 굉장히 높기 때문에 사실상 없다고 봐도 무방합니다. 건강보험료를 종합소득세 계산 시 함께 고려하는 이유이기도 합니다. 소득이 1억 원인 사람의 건강보험료는 연간 약 800만 원으로 월 66만 원가량 납입하게 됩니다. 반면 소득이 3억 원인 사람의 건강보험료는 연간 약 2,400만 원으로 월 200만 원가량 납입해야 해요. 이처럼 건강보험료는 소득이 늘어남에 따라 함께 느는 구조이므로 세금처럼 고려하는 게 필요해요.

국민연금은 나중에 돌려받는다지만 건강보험료는 많이 낸다고 해서 돌려받을 수 있는 것이 아닙니다. 그래서 건강보험료에 대한 사업자들의 반감이 꽤 큽니다. 건강보험료를 줄일 수 있는 방법을 많이들 문의하는데요. 개인사업자의 경우 대표자의 건강보험료를 줄이려면 소득을 줄여야 합니다. 소득을 줄이기 위해서는 수입금액을 줄이거나 필요경비를 늘려야겠죠. 하지만 수입금액을 줄이는 것은 불가능하며, 필요경비를 마음대로 늘릴 수 있는 것도 아니죠.

건강보험료 부담이 큰 경우, 결국 법인으로 사업 형태를 바꾸어야 합니다. 법인의 경우 대표자도 법인으로부터 급여를 받는 형태로 소득 구조가 바뀌기 때문에 급여액을 낮게 조절함으로써 건강보험료를 줄일 수 있습니다.

직원의
퇴직연금

직원을 고용한 사업자들이 4대보험 못지않게 궁금해하는 것이 바로 퇴직금입니다. 퇴직금은 말 그대로 직원이 퇴직할 때 지급하는 급여인데요. 퇴직금 계산 기준은 근로자퇴직급여보장법에 따릅니다. 회사 자체에 퇴직급여규정이 있는 경우에는 그 계산으로 하나, 규정이 없는 경우는 근로자퇴직급여보장법에 따라 계산합니다. 근로자퇴직급여보장법 규정보다 낮은 퇴직금 지급규정은 무효입니다.

퇴직금 지급기준(근로자퇴직급여보장법)

퇴직금 = 1일 평균임금 × 30일 × 계속근로연수

※ 평균임금의 계산 : 퇴직 이전 3개월간의 임금총액을 그 기간의 총 일
수로 나눈 금액

퇴직금은 직원이 퇴직할 때 직원에게 바로 지급하거나, 퇴직연금에 미리 적립한 후 지급하는 방법이 있습니다. 가능하다면 퇴직연금제도를 활용하는 것이 좋은데요. 퇴직연금을 미리 적립하지 않을 경우 직원 퇴직 시 갑자기 준비하려면 자금조달에 어려움을 겪을 수 있기 때문이에요. 특히 장기근속한 직원의 퇴직금은 사업주 입장에서 큰 부담이 될 수 있습니다.

퇴직연금은 이러한 불상사에 대비하기 위해 미리 적립하게 하는 제도로 확정급여형 퇴직연금(DB)과 확정기여형 퇴직연금(DC)이 있습니다. 확정급여형 퇴직연금은 퇴직 후 받을 급여가 확정되어 있는 제도입니다. 보통 이 경우 퇴직금은 위의 산식에 따라 계산됩니다. 퇴직연금을 사외에 적립하고 투자를 하면 운용수익이 발생하는데, 이에 대한 귀속은 회사가 됩니다. 반면 확정기여형 퇴직연금은 회사에서 지급하는 퇴직금은 확정이고, 직원이 직접 투자로 운용하며 해당 운용수익은 모두 직원에게 귀속됩니다. 이 경우, 연간 임금총액의 1/12을 적립해야 합니다.

직원 입장에서 가장 안정적인 퇴직연금제도는 확정급여형 퇴직연금이나, 요즘처럼 주식장이 좋을 때에는 확정기여형 퇴직연

금이 더 유리할 수 있습니다. 각 제도에 장단점이 있기 때문에 어떤 제도가 더 낫다고 판단할 수는 없어요. 참고로 퇴직연금제도를 도입할 때는 직원들의 서면동의를 받고 진행해야 합니다. 퇴직연금제도는 사외에 적립하는 것이기에 직원 입장에서도 퇴직금을 안전하게 보장받을 수 있고, 사업주 입장에서는 퇴직연금에 납입하는 순간 비용처리가 되기 때문에 적극 도입할 것을 권장합니다.

Part 04

개인사업자
세금의
종착지,

종합소득세

종합소득세란 무엇일까?

개인사업자로 사업을 시작하면 가장 많이 듣게 되는 말 중 하나가 '종소세'입니다. 종합소득세의 줄임말로, 한 해 동안 경제활동을 통해 번 돈을 전부 합쳐서 납부하는 세금입니다. 앞에서도 자주 언급되었죠. 여기서 중요한 것은 '종합', 즉 '모든 것을 합한다'는 것입니다. 번 돈이 각각 다양한 소득으로 분류되더라도, 종합소득세로 전부 모아서 한 번에 계산해 납부하는 것이죠.

종합소득의 범위에는 이자소득, 배당소득, 사업소득, 근로소득, 연금소득, 기타소득이 있습니다. 금전을 대여하고 받는 대가는 이자소득, 회사가 영업활동에서 얻은 이익을 주주나 출자자에게 배분한 소득을 배당소득이라고 합니다. 이자소득과 배당소득의 특징은 돈이 돈을 벌어오는 금융소득으로, 따로 묶어 관리하고 있습니다. 금융소득의 경우 2,000만 원을 초과하면 종합소득 신고 시 포함됩니다. 2,000만 원은 원금을 말하는 것이 아니고, 원금을 예치 혹은 투자해 발생하는 이자수익, 배당금을 말합니다.

사업소득은 말 그대로 사업을 통해 발생한 매출과 잡다한 이익을 합하고, 그 사업과 관련된 비용들을 차감한 것을 말합니다. 예를 들어 카페를 운영한다고 해볼까요. 음료 및 디저트 등을 판매해 받은 대가에서 카페 운영과 관련해 발생하는 비용인 임대료, 인건비, 재료비, 광고비 등을 차감한 것을 사업소득이라고 합니다. 사업장이 있는 사업자뿐만 아니라 사업장이 없는 프리랜서 사업자의 소득도 사업소득에 해당합니다.

근로소득은 사업장에 고용되어 근로를 제공하고 금품 대가를 받은 것을 말합니다. 흔히 말하는 월급이 근로소득이에요. 근로소득은 사업소득처럼 근로소득과 관련한 비용을 별도로 산정할 수 없기 때문에 필요경비를 차감하는 개념은 없습니다.

연금소득은 개인이 국민연금, 퇴직연금, 개인연금 등으로 받는 연금 지급액으로, 연금소득금액은 총 연금액에서 연금소득공제를 차감한 금액으로 산출됩니다.

마지막으로 기타소득은 소득세법상 이자, 배당, 사업, 근로, 연금, 퇴직, 양도소득 등 법에서 정한 소득을 제외한 소득으로 소득세법 제21조에서 열거하는 소득을 말합니다. 기타소득의 특징은 일시적, 우발적인 성격을 갖고 있습니다. 즉, 계속적, 반복적이지 않은 수익을 말하는 것이죠. 계속적, 반복적인 소득은 기타소득이 아닌 사업소득으로 분류됩니다. 예를 들면, 일시적으로 진행하는 강연료, 인세와 같은 단발성 소득은 기타소득이에요. 하지만 강의를 계속, 반복적으로 하는, 강의를 업으로 하는 사람의 경우는 사업소득으로 분류됩니다. 인세 또한 책 집필을 계속, 반복적으로 하는 작가의 경우는 기타소득이 아닌 사업소득으로 분류됩니다.

- 이자소득 : 금전을 대여하고 받는 대가
- 배당소득 : 주주나 출자자가 이익이나 잉여금을 분배받음으로써 발생하는 소득
- 사업소득 : 개인이 영리를 목적으로 독립적, 계속적으로 영위하는 사회적 활동에서 발생한 소득
- 근로소득 : 근로를 제공하고 지급받는 모든 대가
- 연금소득 : 일정 기간 또는 조건에 따라 정기적으로 지급받는 연금 형태의 소득
- 기타소득 : 이자, 배당, 사업, 근로, 연금, 퇴직, 양도소득 외의 소득으로서 소득세법 제21조에서 열거하고 있는 소득

계산방법

이자소득금액 : 이자소득 총 수입금액

배당소득금액 : 배당소득 총 수입금액 + 배당가산금액(Gross-up)

사업소득금액 : 총 수입금액 - 필요경비

근로소득금액 : 총 급여액 - 근로소득공제

연금소득금액 : 총 연금액 - 연금소득공제

기타소득금액 : 총 수입금액 - 필요경비

종합소득세의 계산구조

종합소득세는 이자소득, 배당소득, 사업소득, 근로소득, 연금소득, 기타소득 등 각 소득금액을 계산한 후 모두 합하여 종합소득금액을 산정하고, 소득공제를 차감하여 세율을 적용하는 기준인 '과세표준'을 기준으로 계산합니다. 소득공제 항목에는 기본공제, 부양가족공제 등이 있으며 이는 소득공제 항목에서 자세히 다루겠습니다.

종합소득세 세율

과세표준	세율	누진공제
14,000,000원 이하	6%	-
14,000,000원 초과 50,000,000원 이하	15%	1,260,000원
50,000,000원 초과 88,000,000원 이하	24%	5,760,000원
88,000,000원 초과 150,000,000원 이하	35%	15,440,000원
150,000,000원 초과 300,000,000원 이하	38%	19,940,000원
300,000,000원 초과 500,000,000원 이하	40%	25,940,000원
500,000,000원 초과 1,000,000,000원 이하	42%	35,940,000원
1,000,000,000원 초과	45%	65,940,000원

이렇게 계산된 과세표준에서 종합소득세 세율을 계산합니다.

종합소득금액

⊗ 과세표준 종합소득세 세율

- -

⊜ 산출세액

산출세액은 세액감면 계산 시 기준이 됩니다. 대표적인 세액감면으로는 중소기업특별세액감면, 창업중소기업세액감면이 있으며, 세액공제로는 기장세액공제, 통합고용세액공제, 연구인력개

발비 세액공제가 있습니다.

　　　산출세액
　⊖ 세액감면·세액공제
　⊕ 가산세

　⊜ 결정세액

　　산출세액에서 세액감면과 세액공제세액을 차감하고, 의무 불이행 등에 따른 가산세가 있는 경우 산출세액에 가산하면 결정세액이 확정됩니다. 그리고 여기서 미리 납부한 중간예납세액과 사업소득, 기타소득 등의 원천징수된 소득세를 차감하면 최종 납부해야 할 세금이 계산됩니다.

　　　결정세액
　⊖ 기납부세액

　⊜ 최종 납부세액

종합소득세 계산하기

금융소득
이자소득
배당소득
사업소득
(부동산 임대)
근로소득
연금소득
기타소득
종합소득금액
− 소득공제
기본공제(본인, 배우자, 부양가족)
추가공제(경로우대, 장애인 등)
연금보험료공제
주택담보노후연금 이자비용공제
특별소득공제(보험료, 주택자금공제)
조특법(주택마련저축, 신용카드 등 사용금액, 소기업 소상공인 공제부금, 장기집합투자증권저축 등)
× 세율(6~45%)
종합소득 과세표준
산출세액
− 세액공제·세액감면
특별세액공제(보험료, 의료비, 교육비, 기부금, 표준세액공제)
기장세액공제
외국납부세액공제
재해손실세액공제
배당세액공제
근로소득세액공제
혼인세액공제
전자신고세액공제
성실신고확인비용 세액공제
중소기업특별세액감면 등
+ 가산세
무신고 가산세
과소(초과환급)신고 가산세
납부지연 가산세
증빙불비 가산세
장부의 기록·보관 불성실 가산세 등
− 기납부세액
중간예납세액
수시부과세액
원천징수세액 등
납부(환급)할 세액

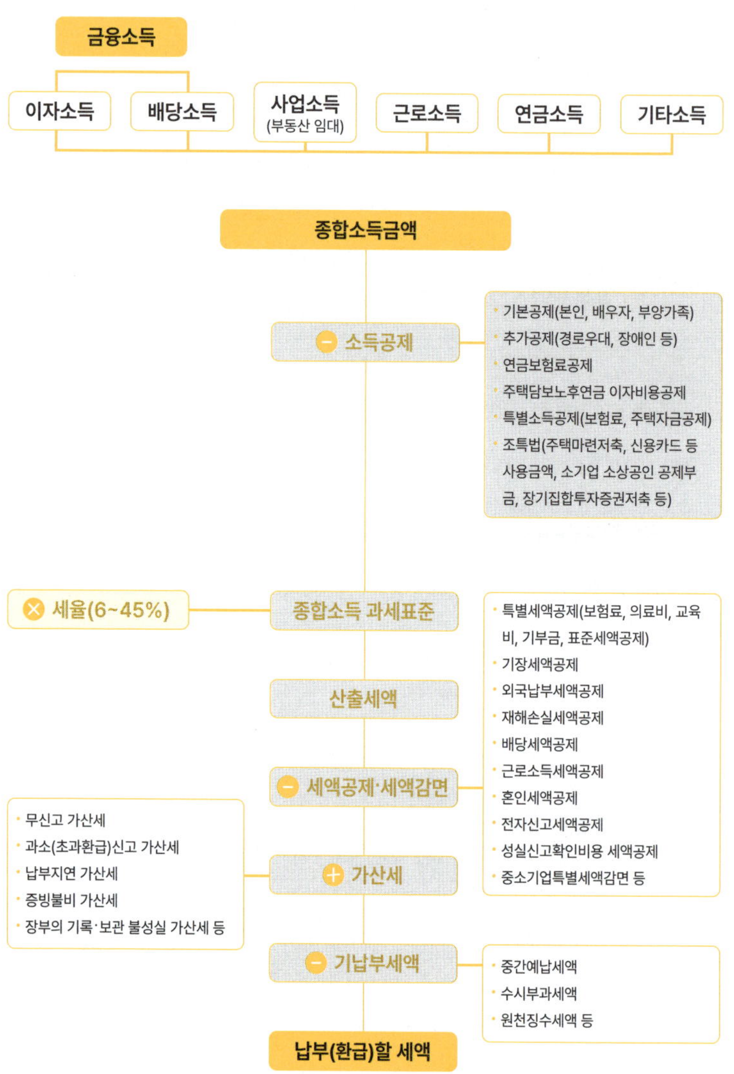

그런데 왜 모든 소득을 합산해 계산할까요? 이유는 간단합니다. 소득이 많을수록 세금을 더 많이 내는 '누진세율'을 적용하기 위해서입니다. 예를 들어, 사업으로 5,000만 원을 벌고, 월급으로 4,000만 원을 벌었다면 각각 세율을 적용하는 것이 아니라 합한 금액인 9,000만 원을 기준으로 적용하는 것이죠. 144쪽 표와 같이 종합소득세 세율은 최소 6%부터 최대 45%까지로 구성되어 있습니다.

종합소득세 신고 및 납부기한은 매년 5월 1일부터 5월 31일까지입니다. 전년도 1월 1일부터 12월 31일까지 번 소득을 모아 정산해 신고합니다. 단, 성실신고 대상자의 신고/납부기한은 5월 1일부터 6월 30일까지입니다. 종합소득이 어떻게 구성되느냐에 따라 회사가 대신 신고하고 끝날 수도 있고, 금융기관에서 하는 원천징수를 통해 신고가 끝나게 되기도 합니다. 그러나 사업소득이 있는 경우에는 별도로 종합소득세 신고를 해야 합니다. 또 여러 소득이 동시에 발생했다면 이를 합산해 종합소득세 세율을 적용하기 위해 종합소득세 신고를 별도로 진행해야 합니다.

누진세율이란, 과세 대상 금액이 커질수록 단계별로 높은 세율을 적용하는 것을 말합니다. 우리나라 종합소득세 세율은 6%에서 45%로 누진세를 적용하고 있어요.

만약 종합소득세 과세표준이 1억 6천만 원이라고 가정해 보겠습니다. 144쪽 종합소득세율 표에서 세율(38%)과 누진공제를 참고해 종합소득세를 계산하면 아래와 같습니다.

160,000,000원 x 38% - 19,940,000원 = 40,860,000원

세율 구간별로 자세히 계산하면, (14,000,000원 × 6%) + (36,000,000원 × 15%) + (38,000,000원 × 24%) + (62,000,000원 × 35%) + (10,000,000원 × 38%) = 40,860,000원이 됩니다.

간혹 몇만 원 때문에 다음 단계의 높은 세율을 적용받았다며 불만을 갖는 경우가 있습니다. 단순히 누진공제를 표로만 보면 그렇게 생각할 수도 있어요. 예를 들어, 과세표준이 1.5억일 때랑 1.6억일 때 세율이 각각 35%, 38%로 보이는데요. 하지만 실제로는 1.5억까지는 35%, 1.5억에서 초과된 0.1억 원에 대해서는 38%를 적용받는 구조

입니다. 누진공제는 구간별로 6%, 15%, 24%, 35% 세율을 모두 반영해 차감한 것입니다.

우리나라 종합소득세 세율은 누진세율로 계산하기 때문에 과세표준이 커질수록 세 부담은 점점 커집니다. 따라서 매출액이 증가할수록 비용을 더 꼼꼼히 챙겨야 해요.

11월의 세금 폭탄, 중간예납

매년 11월, 갑자기 세금고지서를 받고 당황하는 사업자들이 많습니다. 종합소득세 신고 및 납부는 매년 5월이라고 했고 이미 납부까지 했는데 11월에 받은 고지서는 뭘까요? 바로 종합소득세 중간예납입니다. 간혹 중간예납 고지서를 받고 혹시 세금 체납한 게 있는 건 아닌지 놀라서 문의하는 분들이 있습니다.

11월에 고지되는 종합소득세 중간예납은, 국세청에서 다음 해 5월에 신고 및 납부할 종합소득세의 일부를 미리 걷어가는 것입니다. 원활한 국가 재정을 위해 부가가치세 예정고지, 법인세 및 종합소득세 중간예납 제도 등을 두고 있어요.

종합소득세 중간예납은 직전 연도 종합소득세 납부세액, 다시 말해

올해 5월에 낸 종합소득세의 1/2을 고지하는데요. 단, 예정고지세액이 50만 원 미만이라면 고지되지 않습니다. 그리고 11월에 중간예납한 종합소득세는 다음 해 5월 종합소득세 신고를 할 때 미리 납부한 세금, 즉 기납부세액이므로 납부할 세금에서 차감합니다. 만약 최종 확정된 종합소득세가 중간예납한 종합소득세보다 적을 경우에는 환급해 줍니다.

개인사업자의 중간예납 기간은 11월 1일부터 11월 30일입니다. 만약 직전 연도에 종합소득세를 많이 납부했다면, 중간예납이 갑작스러운 세금 폭탄으로 느껴져 큰 부담이 될 수 있어요. 따라서 개인사업자라면 매년 11월, 중간예납 고지를 염두에 두고 자금 계획을 세우는 게 좋습니다.

사업소득 신고의
모든 것

개인사업자 종합소득세 신고 시 가장 중요한 것은 사업소득입니다. 사업에서 발생한 소득을 신고하려면 사업소득금액을 계산해야 합니다. 앞에서 설명했듯 사업소득은 총 수입금액에서 필요경비를 차감해 계산합니다. 여기서 필요경비를 어떻게 계산하느냐에 따라 추계신고와 장부신고로 나뉩니다.

장부신고는 우리가 익히 알고 있는 방식입니다. 사업소득을 신고하려면 장부를 작성해야 한다고들 하지요. 실제 사용한 경비를 인정받으려면 반드시 장부신고를 해야 합니다. 장부신고의 종류에는 간편장부와 복식장부가 있습니다.

하지만 모든 사업자가 장부를 작성할 수는 없습니다. 너무 영세하거나 혹은 어떠한 사유로 인해 장부작성이 불가능한 경우가 있어요. 그래서 국세청은 예외 상황에 처해 있는 납세자들을 위해 추계신고라는 방법을 만들어 놓았습니다. 추계신고란 실제 사용한 경비가 아닌, 국세청에서 정한 업종별 경비에 맞춰 신고하는 것입니다. 추계란, 일부를 가지고 전체를 미루어 짐작하여 계산한다는 뜻입니다. 추계신고는 다시 기준추계신고와 단순추계신고로 나뉩니다.

사업소득금액 : 총 수입금액 - 필요경비

필요경비 계산방법

장부신고 : 실제 사용한 경비로 소득금액을 계산하는 방법

추계신고 : 정부에서 정한 방법에 의하여 소득금액을 추산하여 계산하는 방법

장부신고와 추계신고에 대해 더 알아보도록 하겠습니다.

장부신고를 위해 장부를 작성하는 것을 두고 흔히들 '기장'이라고 부릅니다. 기장이란 영수증 등 증명서류를 근거로 해 거래내용을 일일이 장부에 기록하는 것을 말해요. 기장을 통해 총 수입금액에서 해당 수입금액을 얻기 위해 발생한 비용, 즉 필요경비를 공제하여 소득금액을 계산합니다. 따라서 실제 소득에 대해 세금을 계산하는 방법이죠.

장부신고는 장부 작성방법에 따라 복식장부와 간편장부로 나뉘는데요. 간편장부는 우리가 잘 아는 가계부 형식의 간단한 장부를 말합니다. 반면 복식장부는 손익계산서와 재무상태표를 작성해야 하며, 복식부기라는 방법을 통해 장부를 만드는 것입니다. 복식장부는 간편장부보다 복잡하기 때문에 기본적인 회계지식을 갖춰야 해요. 대부분의 사업자들이 복식장부를 직접 작성하기 어렵기 때문에 세무대리인에게 장부 작성을 의뢰합니다.

물론 모든 사업자들이 복식장부를 작성해야 하는 것은 아니에요. 복식장부는 작성하는 데 소요되는 시간과 세무대리인 비용이 발생하기 때문에 의무적으로 복식장부를 작성해야 하는 사업자는 '복식부기 의무자'라고 하여 요건을 정해두었습니다. 업종에 따라 다음 표와 같이 일정 수입금액 이상인 경우, 복식부기 의무자로 분류됩니다. 참고로 의사, 변호사 등 전문직 사업자는 수입금액과 상관없이 무조건 복식부기 의무자로 분류됩니다. 복식부기 의무자가 복식장부를 작성하지 않으면 가산세와 감면불가 등의 큰 불이익을 받습니다.

업종별 수입금액에 따른 기장 의무 판단

업종별	복식부기 의무자	간편장부 대상자
가. 농업·임업 및 어업, 광업, 도매 및 소매업(상품중개업을 제외한다), 부동산매매업, 아래에 해당하지 아니하는 사업	3억 원 이상자	3억 원 미만자
나. 제조업, 숙박 및 음식점업, 전기·가스·증기 및 공기조절 공급업, 수도·하수·폐기물처리·원료재생업, 건설업(비주거용 건물 건설업은 제외), 부동산 개발 및 공급업(주거용 건물 개발 및 공급업에 한정), 운수업 및 창고업, 정보통신업, 금융 및 보험업, 상품중개업, 욕탕업	1억 5천만 원 이상자	1억 5천만 원 미만자
다. 부동산 임대업, 부동산업(부동산매매업 제외), 전문·과학 및 기술 서비스업, 사업시설관리·사업지원 및 임대서비스업, 교육서비스업, 보건업 및 사회복지 서비스업, 예술·스포츠 및 여가 관련 서비스업, 협회 및 단체, 수리 및 기타 개인 서비스업, 가구 내 고용활동	7천5백만 원 이상자	7천5백만 원 미만자

※ 의사, 변호사 등 전문직 사업자는 수입금액에 상관없이 무조건 복식부기 의무자임

  1) 의사업, 한의사업, 수의사업, 약사업, 한약사업

2) 변호사업, 심판변론인업, 변리사업, 법무사업, 공인회계사업, 세무사업, 경영지도사업, 기술지도사업, 감정평가사업, 손해사정인업, 통관업, 기술사업, 건축사업, 도선사업, 측량사업, 공인노무사업

　기장 의무는 직전 연도 수입금액을 기준으로 판단합니다. 예를 들어, 2026년 종합소득세의 기준수입금액은 2025년 수입금액입니다. 카페를 운영한다고 가정하면, 음식점업으로 업종별 수입금액표에서 '나' 업종에 해당합니다. 2025년 수입금액이 2억 원이었다면, 2026년분에 대해서는 복식부기로 장부를 작성해야 하는 것이죠. 다시 말해 2025년 소득을 신고하는 2026년 5월이 아니라, 2026년 소득을 신고하는 2027년 5월에 복식부기로 장부를 작성해서 신고해야 한다는 말입니다.

　종합소득세 신고는 2025년 1월 1일부터 12월 31일까지에 대한 내역을 2026년 5월에 신고하는 것이기 때문에 2025년 수입금액이 2억 원이라는 사실을 국세청에서는 2026년 5월에 알게 됩니다. 2026년 5월 신고부터 복식부기로 적용하려면 2025년 거래에 대해 1년 치를 소급해 복식장부로 신고해야 하는데 번거로움이 발생하겠죠. 그래서 다음 해인 2027년 5월 신고 때 2026년 소득에 대해 복식장부로 신고하는 것이에요. 수입금액을 직전 연도로 판단하기 때문에 많은 사람들이 어려워하고 놓치는 경우도 많습니다.

더불어, 복식부기 의무자가 되면 사업용 계좌를 반드시 홈택스에 등록해야 하고, 해당 계좌를 사용해야 합니다. 그렇지 않은 경우 가산세는 물론이고, 세액감면을 받지 못합니다. 반드시 수입금액 기준점을 확인하고 복식부기 의무자에 해당하는지 살펴보세요.

복식장부는 복식부기를 통해 장부를 작성하기 때문에 간편장부보다 체계적이고 투명합니다. 국세청에서는 간편장부보다 복식장부를 선호하겠죠. 그래서 사업자들의 복식장부 작성을 유도하기 위해 국세청은 '기장세액공제'라는 혜택과 '무기장가산세'라는 불이익을 만들었습니다. 간편장부 대상자가 복식장부로 종합소득세를 신고한 경우, '기장세액공제'가 가능한데요. 산출세액의 20%로 계산하며, 100만 원 한도로 종합소득세에서 차감해 주는 혜택입니다. 반대로 복식부기 의무자는 반드시 복식장부로 신고해야 하는데 이를 위반할 경우 국세청에서는 산출세액의 20%를 무기장가산세로 부과합니다. 더불어 조세특례제한법상 각종 세액공제 및 감면에서 배제됩니다.

추계신고

추계신고란, 정부에서 정한 방법으로 추산하여 사업소득금액을 계산하는 것입니다. 쉽게 말해 정확한 장부나 증빙자료가 없을 때, 국세청이 정한 기준을 적용해 소득금액을 어림잡아 계산하는 방식입니다. 사업소득금액을 계산할 때는 실제 매출과 경비를 근거로 해 신고하는 것이 원칙이지만 모든 사업자가 꼼꼼하게 장부를 작성하는 것은 현실적으로 쉽지 않습니다. 이런 경우, 추계신고라는 방법을 열어둠으로써 납세자들이 장부작성의 어려움으로 세금 신고를 못 하는 경우가 없도록 하고 있습니다.

추계신고로 사업소득금액 계산하는 방법

구분	추계소득금액 계산
기준경비율 적용 대상자	아래 ①, ② 중 적은 금액 ① 수입금액 - 주요경비 - (수입금액x기준경비율) ※ 주요경비 = 매입비용 + 임차료 + 인건비 (관련 증빙서류에 의해 확인된 비용) ② {수입금액 - (수입금액 x 단순경비율)} x 배율
단순경비율 적용 대상자	수입금액 x (1 - 단순경비율)

1) 복식부기 의무자인 경우, 기준경비율의 1/2을 적용하여 필요경비를 계산함

2) 배율 : 간편장부 대상자는 2.8배, 복식부기 의무자는 3.4배

3) 고용노동부장관이 지급하는 일자리안정자금은 수입금액에서 제외

추계신고로 사업소득금액을 계산하는 방법을 살펴보면, 복식

부기 의무자가 추계신고를 하는 경우 소득금액이 크게 계산되게 설정되어 있습니다. 또 기준경비율의 1/2을 적용해 계산하며, 배율 또한 3.4배를 적용해 소득금액이 크게 계산됩니다. 국세청에서 복식부기 의무자는 보다 투명하게 관리하도록 권고하고 있기 때문입니다. 추계신고에 적용하는 경비율은 국세청이 업종별로 경비율을 조사해 취합하고 국세청 홈택스 사이트에 고지합니다. 아래 경로로 접속해 확인하세요.

국세청 홈택스 > 종합소득세 신고 > 신고도움 자료 조회
⇒ 기준·단순경비율(업종코드) 조회

* 귀속연도	2024	* 업종코드	552101	검색	업종

귀속연도	2024
기준경비율코드	552101
중분류명	음식점 및 주점업
세분류명	한식 음식점업
세세분류명	한식 일반 음식점업
업태명	숙박 및 음식점업
기준경비율(자가율적용여부)	Y
기준경비율(일반율)	11.4
기준경비율(자가율)	11.8
단순경비율(자가율적용여부)	Y
단순경비율(일반율)	89.7
단순경비율(자가율)	89.4
적용범위 및 기준	•백반류, 죽류, 찌개류(국, 탕, 전골), 찜류 등 한식 일반 음식을 제공하는 는 경우를 포함한다. <예 시> ·설렁탕집 ·해물탕집 ·해장국집 ·보쌈집 ·일

한식 음식점의 기준·단순경비율을 조회한 화면입니다. 한식 음식점의 기준경비율(일반율)은 11.4%, 단순경비율(일반율)은 89.7%입니다.

업종별 경비율을 보면 모든 업종이 기준경비율보다 단순경비율이 크게 정해져 있습니다. 단순경비율은 주요경비(재화의 매입, 임차료, 인건비)와 기타경비를 모두 아우르는 경비율이기 때문입니다. 기준경비율은 주요경비 외의 기타경비에 대한 경비율입니다.

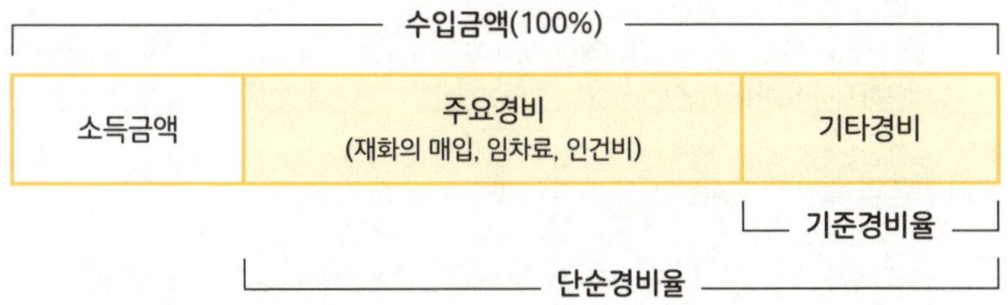

국세청에서 조회해 보면 기준경비율과 단순경비율 옆에 일반율과 자가율로 또 나뉘는 걸 볼 수 있습니다. 일반율과 자가율은 사업장이나 자산의 소유 형태에 따라 적용하는 것으로 일반율은 임차(임대) 사업장이나 자산을 사용하는 경우에 적용합니다. 자가율은 사업자가 직접 소유한 사업장이나 자산을 사용하는 경우 적용합니다. 쉽게 설명하면 사업장의 임차 여부에 따라 적용하는 것이죠.

추계신고를 하기로 결정했다면, 기준경비율과 단순경비율 중 어떤 것으로 신고해야 할까요? 만약 선택할 수 있다면 많은 사업자가 경비율이 높은 단순경비율을 선택하겠죠. 그래서 기준경비율 대상자와 단순경비율 대상자는 법으로 구분해 놓았습니다.

경비율 적용 대상자 업종별 수입금액

업종별	기준경비율 적용 대상자	단순경비율 적용 대상자
가. 농업·임업 및 어업, 광업, 도매 및 소매업(상품중개업을 제외한다), 부동산매매업, 아래에 해당하지 아니하는 사업	6천만 원 이상자	6천만 원 미만자
나. 제조업, 숙박 및 음식점업, 전기·가스·증기 및 공기조절 공급업, 수도·하수·폐기물처리·원료재생업, 건설업(비주거용 건물 건설업은 제외), 부동산 개발 및 공급업(주거용 건물 개발 및 공급업에 한정), 운수업 및 창고업, 정보통신업, 금융 및 보험업, 상품중개업, 욕탕업	3천6백만 원 이상자	3천6백만 원 미만자
다. 부동산 임대업, 부동산업(부동산매매업 제외), 전문·과학 및 기술 서비스업, 사업시설관리·사업지원 및 임대서비스업, 교육서비스업, 보건업 및 사회복지 서비스업, 예술·스포츠 및 여가 관련 서비스업, 협회 및 단체, 수리 및 기타 개인 서비스업, 가구 내 고용활동	2천4백만 원 이상자	2천4백만 원 미만자

기존 사업자는 직전 연도 수입금액을 기준으로 위의 표와 같

이 업종별 수입금액에 따른 경비율을 적용합니다. 만약 도소매업 사업자가 2024년 수입금액이 5천만 원이었다면, 2025년 종합소득세 추계신고 시 단순경비율 적용대상자로 분류됩니다. 그러나 2025년 수입금액이 5억 원이 되면, 기준경비율 적용 대상자로 분류되는 것이죠. 직전 연도에 기준수입금액 미만이라고 하더라도, 당해 연도 수입금액이 복식부기 의무자 기준수입금액 이상인 경우에는 기준경비율 적용 대상자로 분류되기 때문입니다.

반면 신규 사업자는 위의 표가 아닌 아래 〈업종별 수입금액에 따른 기장 의무 판단〉을 참고해야 합니다. 직전 연도 수입금액이 없기 때문에 당해 연도 수입금액으로 판단하는 것이죠. 만약 도소매업 신규 사업자가 2025년 수입금액이 3억 원 이상이라면, 2025년 종합소득세 추계신고 시 기준경비율 적용대상자로 분류됩니다. 만약 3억원 미만이라면 단순경비율 적용대상자로 분류됩니다.

업종별 수입금액에 따른 기장 의무 판단

업종별	복식부기 의무자	간편장부 대상자
가. 농업·임업 및 어업, 광업, 도매 및 소매업(상품중개업을 제외한다), 부동산매매업, 아래에 해당하지 아니하는 사업	3억 원 이상자	3억 원 미만자

나.제조업, 숙박 및 음식점업, 전기·가스·증기 및 공기조절 공급업, 수도·하수·폐기물처리·원료재생업, 건설업(비주거용 건물 건설업은 제외), 부동산 개발 및 공급업(주거용 건물 개발 및 공급업에 한정), 운수업 및 창고업, 정보통신업, 금융 및 보험업, 상품중개업, 욕탕업	1억 5천만 원 이상자	1억 5천만 원 미만자
다.부동산 임대업, 부동산업(부동산매매업 제외), 전문·과학 및 기술 서비스업, 사업시설관리·사업지원 및 임대서비스업, 교육서비스업, 보건업 및 사회복지 서비스업, 예술·스포츠 및 여가 관련 서비스업, 협회 및 단체, 수리 및 기타 개인 서비스업, 가구 내 고용활동	7천5백만 원 이상자	7천5백만 원 미만자

기장 의무와 추계신고 시 경비율 적용 대상자의 구분을 직전 연도와 당해 연도 수입금액으로 적용하므로 이를 모두 파악해 구분하는 것이 쉽지 않고 세무 실무자들도 헷갈려 합니다. 신규 사업자는 직전 연도 수입금액이 없기 때문에 처음 창업하면 무조건 단순경비율 적용 대상자로 분류된다고 생각하고 크게 실수를 하곤 해요. 어차피 추계신고를 할 거야, 생각하고 증빙을 구비하지 않았다가 종합소득세 폭탄을 맞는 경우가 많습니다. 추계신고 시 경비율 판단은 이렇게 복잡하기 때문에 반드시 세무전문가를 통해 진행할 것을 추천합니다.

종합소득세 신고 시 장부신고는 복식장부와 간편장부로 나뉘는데요. 복식장부는 기본적인 회계 지식이 없으면 작성하기 어렵습니다. 따라서 세무대리를 의뢰해 진행하는 것이 좋습니다.

반면 간편장부는 기본적인 회계지식이 없는 초보자도 조금만 공부하면 작성할 수 있어요. 간편장부는 가계부를 작성하듯 수입과 지출을 구분해 작성하는 것입니다. 사업에서 발생한 수입과 지출의 1년 치 합계를 해당 서식에 입력하면 됩니다.

1. 장부상 수입금액

매출액 : 사업자가 재화나 용역을 제공하고 고객으로부터 받은 대가

(현금매출, 카드매출, 계좌이체 매출, 세금계산서·계산서 발행금액 포함)

2. 필요경비

◦ 매출원가 : 고객에게 판매한 상품을 매입하는 데 직접 소요된 금액

 (상품 매입대금, 수입관세, 매입 관련 운송비 등)

◦ 제조비용 : 고객에게 판매한 제품을 직접 제조하는 데 소요된 원가

 (원재료 매입비, 생산직 급여, 상여, 퇴직급여 등 제조 관련 인건비, 전력비, 소모

품비, 감가상각비 등 제조 과정에서 발생한 직접경비)

◦ 일반관리비용

•급여 : 직원에게 근로 제공의 대가로 지급하는 보수(월급, 상여금, 연차수당, 야근수당 등 근로소득에 해당하는 금액 전부)

◦ 제세공과금 : 사업주가 부담하는 각종 세금 및 공과금(국민연금·건강보험·고용보험·산재보험의 사업주 부담분 등)

◦ 임차료 : 사업을 위해 사용하는 공간·자산의 대여료(사무실 임대료, 창고 임대료, 주차장 임차료 등)

◦ 지급이자 : 사업과 직접 관련된 차입금에 대한 이자비용(사업자대출, 법인대출, 시설자금·운영자금 대출이자)

◦ 기업 업무추진비 : 거래처 및 업무 관련자와의 원활한 업무진행을 위한 접대·교제 비용(식사비, 다과비, 경조사비, 선물비 등)

◦ 기부금 : 사업자가 공익 목적을 위해 무상으로 지출한 금액(법정기부금, 지정기부금 등)

◦ 감가상각비 : 고정자산의 취득가액을 사용 기간에 걸쳐 나누어 비용 처리한 금액(차량, 비품, 기계장치, 인테리어, 컴퓨터 등)

◦ 차량유지비 : 사업용 차량의 유지·관리와 관련된 비용(유류비, 보험료, 수리비, 통행료, 주차비 등)

◦ 지급수수료 : 외부 업체나 개인에게 용역을 제공받고 지급한 대가(세무·노무·법률 자문료, 플랫폼 수수료, 외주비, 카드 수수료 등)

◦ 소모품비 : 사용 기간이 짧고 반복적으로 소비되는 물품 비용(사무용

품, 전산 소모품, 인쇄물, 소형 집기 등)

◦ 복리후생비 : 직원의 근무환경 개선 및 복지 증진을 위한 비용(직원

식대, 회식비, 간식비, 건강검진비, 워크숍 비용 등)

◦ 운반비 : 사업 관련 물품의 운송·배송에 소요된 비용(택배비, 화물 운송

비, 배송 대행료 등)

◦ 광고선전비: 사업 홍보 및 매출 증대를 목적으로 지출한 비용(온라인

광고비, 인쇄 광고, 간판, 홍보물 제작비, SNS 마케팅 비용 등)

◦ 여비교통비 : 업무 수행을 위해 이동하면서 발생한 비용(출장 교통비,

숙박비, 출장 식대, 통행료 등)

◦ 기타 : 위 항목에 명확히 속하지 않지만 사업과 직접 관련된 비용(소

액 잡비, 일회성 비용 등)

간편장부를 작성해서 종합소득세를 세무대리인을 통하지 않고 직접

신고하고 싶다면, 홈택스에 '세금신고 > 종합소득세 신고 > 일반신고'

화면에 접속해 위 내용을 직접 입력하면 됩니다.

셀프신고 했다가 세금을 토해내는 경우가 있다?

요즘은 홈택스나 유튜브에서 세금과 관련된 많은 정보들을 얻을 수 있습니다. 그래서 셀프신고, 즉 세무사를 통하지 않고 직접 신고하는 사람들이 늘고 있습니다. 예전에는 추계신고나 간편장부 등 신고가 간단한 경우 직접 하는 경우가 많았는데요. 최근에는 정보들이 많기 때문에 복식부기 의무자 혹은 세액감면을 반영하는 경우에도 셀프신고를 하는 분들이 많아요.

장부를 작성할 줄 알고, 감면을 잘 반영할 수 있다면 셀프신고를 해도 크게 문제되지 않을 수 있습니다. 하지만 복식부기 의무자의 경우 세액감면을 받으려면 반드시 세무대리인이 작성한 장부로 신고해야 할 때가 있어요. 대표적으로 창업세액감면이 있습니다. 최소 50%에서 최대 100%까지 감면해 주는 굉장히 큰 세액감면으로 복식부기 의무자로 분류되는 납세자가 이 감면을 받으려면 '외부조정'으로 장부를 작성해야만 합니다. 셀프신고를 진행하는 경우 외부조정이 아닌 자기조정으로 신고가 들어갑니다. 그럼 세액감면을 적용받을 수 없으며, 수정신고를 통해서도 외부조정으로 변경할 수 없으니 참고하세요.

복식부기 의무자이면서 세액감면을 받고자 한다면 반드시 세무전문가의 상담을 통해 셀프신고 가능 여부를 먼저 판단해 보세요.

세금을 줄여주는 비용처리

개인사업자들이 가장 궁금해하는 내용이 바로 비용처리입니다. 세무사로 일하면서 가장 많은 질문을 받는 주제이기도 해요. 비용처리가 많이 되면 종합소득세도 그만큼 줄기 때문이겠죠. 그렇다면 도대체 비용처리는 어디서부터 어디까지 가능할까요?

비용이라는 것이 모든 사업자에게 일괄적으로 적용되기엔 어려움이 있습니다. 그래서 세법에서는 '사업과 관련된 경비'라고 설명하고 있는데요. 사업과 관련된 경비로 인정받으려면 주장하는 자, 즉 사업자가 사업과 관련된 경비라는 것을 입증해야 합니다.

예를 들어보겠습니다. 흔히들 백화점에서 명품백을 구입하면 비용처리가 불가능하다고 생각합니다. 당연히 음식점이나 헬스장을 운영하는 사업자가 백화점에서 명품백을 구입한 경우 구입금액에 대해 사업과 관련된 경비라는 것을 입증하기 어렵습니다. 하지만, 명품백을 대여하는 사업을 하고 있다면 어떨까요? 명품백 구입도 사업과 관련된 경비로 인정받을 수 있습니다. 이렇듯 어떤 물건을 구입했을 때 비용처리가 되고 안 되고를 일률적으로 판단하기란 어렵습니다.

맛집을 소개하는 유튜버가 있습니다. 주로 발생하는 비용은 맛집을 방문하고 결제하는 음식값, 식대겠죠. 보통 식대의 경우 거래처 담당자와 먹었다면 기업 업무추진비(접대비), 직원과 먹었다면 복리후생비가 됩니다. 그렇다면 맛집 소개 유튜버의 식대는 기업 업무추진비일까요, 복리후생비일까요? 둘 다 아닙니다. 이 경우에는 촬영경비로 비용처리를 할 수 있습니다. 이처럼 식대마저도 누구와 먹었는지에 따라, 어떤 업종인지에 따라 처리방법이 달라집니다.

그렇다면, 자택에서 사업자를 등록하고 근무하는 프리랜서의 경우 자택 월세는 비용처리가 가능할까요? 월세를 사업과 관련된 비용으로 볼 수 있느냐에 따라 달라집니다. 자택을 사업장으로 등록했을 때 개인 주거용 공간과 사업용 공간을 명확히 구분하고, 사업용 공간에 해당하는 비율만 비용으로 처리한다면 가능합니다. 하지만 대부분의 경우, 자택과 관련해 발생한 비용인 월세 혹은 이자비용, 관리비 등은 비용처리가 어렵다고 판단합니다. 실제로는 주거용 공간과 사업용 공간을 명확히 구분하는 것이 어렵기 때문이죠.

연예인들이 월세에 사는 이유가 소득이 매우 높기 때문에 월세로 비용처리를 해 세금을 적게 내기 위해서라는 글을 SNS에서 본 적이 있습니다. 실제로 그 글을 보고 월세 비용처리가 가능한지 문의하는 분들이 많았는데요. 자택 월세는 비용처리가 불가능합니다. 연예인들이 월세로 거주하는 것은 높은 월세를 감당할 수 있을 만큼 고소득자인 경우가 많고, 부동산 등기부등본상 등재되지 않아 개인정보 보호 차원에서 선호하기 때문입니다. 불규칙한 소득을 균등화하기 위해 주거용 부동산보다는 수익형 부동산을 선호하기도 하고요.

결론적으로 비용처리는 사업과 관련한 비용만 가능하다는 점 기억하세요. 지금 내가 쓴 비용이 사업과 관련되었는지는 사실 사업자 본인이 가장 잘 알고 있으므로 생각보다 어렵지 않습니다. (비용처리가 가능한 항목에 대해서는 5장에서 더 자세히 알아봅니다.)

비용처리 한도가 있는 비용

사업과 관련된 비용의 개념에 대해서 알아보았습니다. 그렇다면, 사업과 관련된 비용은 '한도 없이' 전액 다 비용처리가 가능할까요? 그런 것은 아닙니다. 국세청에서는 납세자가 과도한 비용처리를 통해 조세 회피할 수 있는 가능성을 차단하기 위해 일정 비용에 대해서는 한도를 설정하고 있습니다. 대표적으로 기업 업무추진비(접대비)와 차량유지비, 감가상각비가 있습니다.

1. 기업 업무추진비

이른바 '접대비'라고 불리는 기업 업무추진비는 거래처와의 관계 유지, 영업활동, 사업상 필요에 의해 지출하는 비용을 의미합니다. 회식비, 선물비, 회의비 등이 포함되죠. 세법상 기업 업무추진비는 일정 한도 내에서만 비용으로 인정되는데 한도는 사업장의 연간 수입금액 규모에 따라 차등 적용됩니다.

기본 한도

일반기업 : 연 1,200만 원

중소기업 : 연 3,600만 원

※ 사업연도가 1년 미만인 경우 월할 계산 적용 가능

수입금액 기준 가산 한도

수입금액 100억 원 이하분 : 0.3%

100억 원 초과 ~ 500억 원 이하분 : 0.2%

500억 원 초과분 : 0.03%

⇒ 각 구간별 산정액을 합산하여 최종 한도 산출

즉, 기업 업무추진비의 한도는 기본 한도에 수입금액 기준 가산 한도를 합산한 금액입니다. 그리고 지출 시에는 증빙 요건을 충족해야 합니다. 1회에 지출한 금액이 3만 원을 초과하는 경우 반드시 신용카드전표, 현금영수증, 세금계산서 등과 같은 적격증빙을 수취해야 합니다.

2. 차량유지비

차량유지비는 사업장에서 보유하거나 사용하는 업무용 차량과 관련해 발생하는 비용입니다. 여기에는 유류대, 보험료, 수리비, 통행료 등이 포함됩니다. 업무용 승용차의 경우 세법에서는 비용처리의 한도를 정하고 있는데 연간 1대당 1,500만 원 한도 내에서 비용처리가 가능합니다. 이 한도에는 유류비, 보험료, 수리비뿐만 아니라 감가상각비나 리스료도 포함됩니다.

구체적으로 살펴볼까요? 차량 감가상각비는 1대당 연 800만 원까지, 즉 차량 취득가액 4,000만 원(5년/정액법 적용) 한도 내에서만 인정됩니다. 만약 차량 가격이 8,000만 원이라고 하더라도 세법상 비용처리는 4,000만 원까지만 인정된다는 뜻이에요.

리스료의 경우, 리스료의 93%는 차량가격에 대한 감가상각비로 간주해 연 800만 원까지만 비용처리되며, 리스료의 7%는 차량 유지비용으로 보고 연 700만 원 한도를 적용합니다. 렌트료의 경우, 렌트료의 70%는 차량가격에 대한 감가상각비로 간주해 연 800만 원까지만 비용처리가 되며, 렌트료의 30%는 차량 유지비용으로 보고 연 700만 원 한도를 적용합니다.

차량유지비로 비용처리를 하려면 운행기록부 작성 등 업무 사용을 입증할 수 있는 증빙을 반드시 갖춰야 합니다. 운행기록부에는 출장목적, 이동거리, 사용일자 등을 구체적으로 기록해야 하며, 이를 작성하지 않으면 세법상 한도를 적용받게 됩니다.

3. 감가상각비

감가상각이란, 사업장에서 일정 기간 사용할 목적으로 취득한 유형자산(건물, 기계, 차량, 비품 등)의 취득가액을 사용 기간에 걸쳐 나누어 비용으로 처리하는 회계 절차를 말합니다. 보통 유형자산은 구입금액이 높습니다. 그런데 이를 구입한 해에 전액 비용처리된다면, 손익이 왜곡될 수 있습니다. 그래서 수익과 비용을 대응하기 위해 내용연수로 나누어 비용처리를 하는데 이것을 감가상각이라고 합니다.

　예를 들어, 사업장에서 가구나 전자제품 같은 5천만 원짜리 비품을 구입했다면 감가상각을 통해 나누어 비용처리해야 합니다. 세법에서는 업종별 내용연수와 자산별 감가상각 방법을 정해놓아 임의적인 감가상각을 통해 이익을 조절하는 것을 방지하고 있습니다.

세금을 줄여주는 소득공제

과세표준은 종합소득세 세율을 결정짓는 기준점입니다.

> 수입금액 − 필요경비 = 사업소득금액(종합소득금액)
>
> 종합소득금액 − 소득공제 = 과세표준
>
> 과세표준 × 세율 = 산출세액

종합소득세를 줄이려면 적용받는 세율, 즉 과세표준을 낮추는 것이 중요합니다. 종합소득세 세율은 누진세율이기 때문에 과세표준을 낮출수록 세금이 절감됩니다. 과세표준을 낮추기 위해서는 필요경비를 누락 없이 잘 반영하거나 소득공제 항목을 최대한 반영해야 합니다.

이번에는 세금을 줄여주는 효과가 있는 소득공제 항목에 대해 알아보겠습니다. 소득공제 항목은 인적공제, 연금보험료 공제, 소기업·소상공인 공제로 나눌 수 있어요.

1. 인적공제

인적공제는 크게 기본공제와 추가공제로 나닙니다.

기본공제

본인공제 : 150만 원

배우자공제 : 150만 원(배우자의 소득금액이 100만 원 이하인 경우)

부양가족공제 : 150만 원(부양가족의 소득금액이 100만 원 이하인 경우, 20세 이하 60세 이상)

추가공제

경로우대공제 : 100만 원(70세 이상 & 소득금액이 100만 원 이하인 경우)

장애인공제 : 200만 원(소득금액이 100만 원 이하인 경우, 나이제한 없음)

부녀자공제(여성) : 50만 원

한부모공제(여성+남성) : 100만 원

※ 부녀자공제와 한부모공제는 중복적용 불가

부녀자공제는 배우자가 있는 여성 또는 배우자가 없을 경우 부양가족이 있는 여성세대주로서 소득금액이 3,000만 원 이하인 경우 적용합니다. 한부모공제는 배우자가 없는 사람으로서 기본 공제대상 직계비속이나 입양자가 있는 경우 적용합니다.

2. 연금보험료 공제

사업자가 부담하는 본인분에 대한 국민연금은 소득공제 항목으로 반영할 수 있습니다. 직원분에 대한 국민연금은 장부의 필요경비로 반영됩니다. 반면 사업자가 부담하는 본인분에 대한 건강보험료는 소득공제 항목이 아닌, 장부의 필요경비로 반영됩니다. (근로소득자의 경우 본인분에 대한 국민연금, 건강보험료, 고용보험료는 소득공제 항목으로 연말정산 시 반영됩니다.)

3. 소기업·소상공인 공제

소기업·소상공인의 폐업, 노령, 사망 등 경영위기 시 생활 안정과 사업 재기를 지원하기 위해 도입된 공적 공제제도로 노란우산공제가 있습니다. 노란우산공제는 사업소득금액 기준으로 공제한도가 있기 때문에 무조건 많이 납입한다고 전액 공제가 되는 것은 아닙니다. 따라서 대략적인 소득금액을 확인하고, 한도 내에서 납입하는 것이 효과적이에요.

소득공제 한도

- 사업소득금액 4천만 원 이하 : 연 600만 원

- 사업소득금액 4천만 원 초과 6천만 원 이하 : 연 500만 원

- 사업소득금액 6천만 원 초과 1억 원 이하 : 연 400만 원

- 사업소득금액 1억 원 초과 : 연 200만 원

세금을 줄여주는 세액감면과 세액공제

몇 년 전 소위 '경정청구 영업'이라는 것이 성행했던 적이 있습니다. 종합소득세 혹은 법인세 신고 시 납세자가 받을 수 있는 세액감면이나 세액공제를 누락했을 경우, 다시 신고해 세금 환급을 받는 것을 말하는데요. 경정청구는 최대 5년 전 신고분까지 환급신청을 할 수 있어요.

예전에는 세액감면이나 세액공제를 많이 반영하면 오히려 세무조사 대상이 될 수 있다는 인식이 있었다고 합니다. 하지만 경정청구 영업을 통해 이를 새롭게 인식하기 시작했고, 정당하게 세금환급 요청을 하는 것이기에 국세청에서도 받아들이고 환급을 해주기 시작했습니다. 그리하여 현재는 정기신고 시 세액감면과

세액공제를 잘 반영해 경정청구할 내역이 없게 신고하는 쪽으로 분위기가 변하고 있어요.

세액감면과 세액공제는 과세표준에서 세율을 곱한 산출세액 이후에 차감되는 항목입니다. 세액감면은 산출세액의 몇 퍼센트 하는 식으로, 산출세액을 기준으로 차감해요. 반면 세액공제는 산출세액과 상관없이 정액을 차감합니다. 항목은 굉장히 많지만 여기에서는 대표적인 세액감면과 세액공제에 대해 알아보겠습니다.

세액감면

1. 중소기업특별세액감면

중소기업특별세액감면은 일정 요건을 충족하는 중소기업에 대해 소득세 또는 법인세의 일부를 감면해 주는 조세특례제도입니다. 아래와 같이 업종과 지역에 따라 감면율이 다릅니다.

대표적인 업종

제조업, 건설업, 도매 및 소매업, 출판업, 영화·비디오물 및 방송프로그램 제작 관련 서비스업, 컴퓨터프로그래밍업, 정보서비스업, 광고업, 기타 과학기술서비스업, 전문디자인업, 자동차정비업 등

감면율

지역 구분		업종구분	감면율
수도권	소기업	도매, 소매, 의료업	산출세액의 10%
		그 외 해당 업종	20%
	중기업	일반서적출판업	10%
수도권 외	수도권 외	도매, 소매, 의료업	산출세액의 10%
		그 외 해당 업종	30%
	중기업	도매, 소매, 의료업	5%
		그 외 해당 업종	15%

감면한도

연간 한도 1억 원, 고용인원 감소 시 1인당 500만 원씩 공제한도 축소

소기업 기준 : 해당 연도 매출액이 아래 규모 이내인 기업을 말함

∘ 제조업(제조품 종류에 따라 다름) : 80억~120억

∘ 도소매업, 정보통신업 : 50억

∘ 전문·과학·기술서비스업 : 30억

∘ 숙박·음식점업 : 10억

2. 창업중소기업세액감면

창업중소기업세액감면은 나이, 업종, 지역 요건을 충족하면 50%에서 최대 100%까지 세액을 감면해 주는 굉장히 큰 세액감면 제도입니다(2026년 창업분부터는 최소 25%에서 최대 100%). 하지만 그만큼 국세청에서 주시하는 감면이기도 합니다.

대표적인 감면업종

제조업, 건설업, 통신판매업, 음식점업, 정보통신업, 전문·과학·기술서비스업, 사업지원서비스업, 통신판매업, 경영컨설팅업 등

※ 개인사업자 요건 : 창업 당시 만 15세 이상 34세 이하

※ 법인사업자 요건 : 창업 당시 위의 연령 조건을 갖춘 대표자가 해당 법인의 최대주주일 것

감면율

2018.5.29~2025.12.31 창업

구분	감면율
과밀억제권역 내 청년창업	5년간 50%
과밀억제권역 외 일반창업	5년간 50%
과밀억제권역 외 청년창업	5년간 100%

2026.1.1 이후 창업

구분	감면율
과밀억제권역 내 청년창업	5년간 50%
수도권 중 과밀억제권역 외 일반창업	5년간 25%
수도권 중 과밀억제권역 외 청년창업	5년간 75%
수도권 외 지방 일반창업	5년간 50%
수도권 외 지방 청년창업	5년간 100%

수도권 과밀억제권역

＊ 서울특별시, 인천광역시(강화군, 옹진군, 서구 대곡동, 불로동, 마전동, 금곡동, 오류동, 왕길동, 당하동, 원당동, 인천경제자유구역 및 남동 국가 사업단지 제외)

＊ 의정부시, 구리시, 남양주시(호평동, 평내동, 금곡동, 일패동, 이패동, 삼패동, 가운동, 수석동, 지금동 및 도농동만 해당), 하남시, 고양시, 수원시, 성남시, 안양시, 부천시, 광명시, 과천시, 의왕시, 군포시, 시흥시[반월특수 지역(반월특수지역에서 해제된 지역 포함)은 제외]

감면 한도

연간 5억 원(2025년 이후 창업분부터 적용)

※ 유의사항

◦ 창업 당시 감면대상 업종으로 창업하지 않은 경우 원칙적으로 세액감면 적용이 불가합니다.

◦ 개인사업자가 하던 사업을 법인으로 전환하여 새로운 법인을 설립하는 경우에는 창업으로 보지 않습니다. 다만, 개인사업자가 법인으로 전환하면서 기존 업종에 다른 업종을 추가하여 그 업종으로 주업종을 변경한 경우 추가한 업종에 대해서는 창업으로 봅니다.

◦ 미디어컨텐츠창작업(부가가치세가 과세되는 유튜버, BJ, 크리에이터 등)은 정보통신업으로 창업감면 대상업종으로 볼 수 있으나, 1인 미디어 창작자(부가가치세가 면세되는 유튜버, BJ, 크리에이터 등)는 정보통신업이 아니므로 창업감면 대상 업종이 아닙니다.

세액공제

1. 기장세액공제

간편장부 대상자가 종합소득세 신고 시 복식부기에 의하여 장부를 작성하고 관련 재무제표 등을 첨부해 제출한 경우 종합소득세 산출세액의 20%를 연간 100만 원 한도 내에서 공제해 주는 제도입니다.

복식부기 의무자나 전문자격사업자의 경우는 본래 복식부기로 신고해야 하므로 간편장부 대상자만 가능합니다. 간편장부 대상자와 복식부기 의무자를 구분하는 방법은 업종별 수입금액 기장유형표를 확인하세요(154쪽 참고).

2. 연금계좌세액공제

연금계좌세액공제는 개인연금의 활성화를 위해 연금에 납입한 경우 납입액을 한도로 하여 일정 요율을 곱한 금액을 납부할 세금에서 차감해 주는 제도입니다.

공제대상 연금계좌

∘ 연금저축계좌 : 연금저축에 납입한 보험료

∘ 퇴직연금계좌 : 과학기술인공제회법에 따른 퇴직연금급여에 납입한 본인부담금, 근로자퇴직급여보장법에 따른 확정기여형 퇴직연금(DC형), 개인형 퇴직연금(IRP), 중소기업퇴직연금기금에 납입한 본인부담금

연금계좌세액공제 =

연금계좌 납입액 x 12%(종합소득금액 4,500만 원 이하는 15%)

(단, 근로소득만 있는 경우 종합소득금액이 아닌 총 급여액 5,500만 원 이

하에 15%를 적용한다.)

연금계좌 납입액 한도 min(1, 2)

1. min(연금저축납입액, 연 600만 원) + 퇴직연금계좌 납입액

2. 한도 : 연 900만 원

연금계좌 중 연금저축계좌에 납입한 금액은 600만 원 이내, 퇴직
연금계좌에 납입한 금액을 합해 최대 900만 원까지를 연금계좌세
액공제 납입액 한도로 정하고 있습니다.

3. 통합고용세액공제

사업장에 고용된 직원의 수가 직전 연도보다 증가한 경우, 고
용이 증가한 직원에 공제액을 곱한 금액을 종합소득세 산출세액
에서 공제해 주는 제도입니다.

업종요건

호텔업, 여관업, 유흥주점, 단란주점, 관광숙박업, 외국인 전용 유
흥음식점, 관광유흥음식점을 제외한 업종

세액공제액

| 구분 | | 1인당 공제액 (단위 : 만 원) | | | |
| | | 중소기업(3년 지원) | | 중년기업
(3년 지원) | 대기업
(2년 지원) |
		수도권	지방		
청년 등	1년 차	700	1,000	500	300
	2년 차	1,600	1,900	900	500
	3년 차	1,700	2,000	900	-
청년 외	1년 차	400	700	300	-
	2년 차	900	1,200	500	-
	3년 차	1,000	1,300	500	-

* 청년 등 상시근로자 : 만 15세 이상 34세인 자, [장애인복지법] 적용을 받는 장애인 등, 근로계약 체결일 현재 연령이 60세 이상인 자, 경력단절 여성 등

예를 들어, 수도권에서 2026년 1월에 개업해 청년 직원을 1명 고용한 후, 2027년 1월에 청년 직원을 추가로 1명 고용해 유지한다고 가정해 보겠습니다.

2026년 종합소득세 신고 시

직원 증가인원 : 1명

증가인원 1명 × 700만 원 = 700만 원 세액공제 가능

2026년 세액공제액 : 700만 원

2027년 종합소득세 신고 시

직원 증가인원 : 1명

증가인원 1명 × 700만 원 = 700만 원 세액공제 가능

유지한 직원 1명 × 1,600만 원 = 1,600만 원 세액공제 가능

2027년 세액공제액 : 2,300만 원

통합고용세액공제는 매우 유용하고 큰 세액공제입니다. 고용 증가 및 유지를 위한 제도이기 때문에 4대보험 가입이 의무이며, 계약직 직원에 대해서는 공제해 주지 않기 때문에 정규직 고용이 필수입니다.

세액감면제도 중 감면 혜택이 큰 창업중소기업세액감면을 적용받지 못하거나 적용기간이 끝난 경우, 세 부담이 굉장히 커집니다. 그럴 때 통합고용세액공제를 활용하면 좋습니다. 세액감면은 이월되지 않지만, 세액공제는 이월이 가능합니다. 따라서 4대보험에 가입한 직원의 수가 증가하는 상황이라면 반드시 이 세액공제를 활용하세요.

세액감면을 받아도 세금이 많이 나와요!

창업중소기업세액감면은 최대 100%까지, 통합고용세액공제를 활용하면 청년 직원 2명만 증가해도 1년에 세금이 2,300만 원 줄어듭니다. 그럼 이런 의문이 들게 됩니다. '이렇게 공제를 많이 해주는데 도대체 왜 사람들은 늘 세금이 많이 나온다고 하지?'

국세청에서는 '최저한세'라는 제도를 두고 있어요. 즉 '최소한 이 정도의 세금은 내야 한다'고 정해두는 것이죠. 세액감면과 세액공제를 활용해 감면받을, 혹은 공제받을 세액이 많아도 납부할 세금보다 많다면, 최소한 올해 이 정도는 납부하고 나머지 감면은 포기하거나 세액공제는 이월해서 다음 해에 공제받으라는 것입니다.

다행히 창업중소기업세액감면 100% 감면의 경우는 최저한세를 적용하지 않기 때문에 말 그대로 100% 감면이 적용됩니다. 그러나 75% 감면율 적용부터는 최저한세 때문에 혜택을 전부 다 받지 못할 수 있습니다.

최저한세 계산

사업소득에 대한 산출세액이 3,000만 원 이하인 경우

: 산출세액의 35%

사업소득에 대한 산출세액이 3,000만 원을 초과하는 경우

: 산출세액(3,000만 원 이하) × 35% + 산출세액(3,000만 원 초과분) ×

45%

종합소득세를 줄이는 3가지 기본 원칙

앞에서 설명했듯 종합소득세 계산구조는 소득금액, 소득공제, 세액감면, 세액공제로 이루어집니다. 따라서 세금을 줄이는 가장 기본적인 방법은 아래 세 가지예요. 너무나 당연한 말 아니냐고 반문하겠지만 그만큼 중요하다는 점을 기억하세요.

1. 종합소득금액을 줄인다

종합소득금액은 이자소득, 배당소득, 사업소득, 근로소득, 연금소득, 기타소득을 모두 합하여 계산합니다. 각 소득금액을 계산하는 방법은 소득금액마다 다르며, 소득금액을 줄일 수 있는 방법 또한 다르거나 아예 방법이 없는 경우도 있습니다.

이자소득과 배당소득은 수입금액에서 필요경비를 차감하는 구조가 아니라 수입금액이 그대로 소득금액이 되는 구조입니다. 따라서 이자소득과 배당소득과 관련해서는 비용을 처리할 것이 없습니다. 다만, 이 두 소득은 합해서 2,000만 원을 초과하는 경우, 초과분이 종합소득금액에 합산됩니다. 따라서 2,000만 원을 초과하지 않게 투자 비중을 조절하면 종합소득세를 줄이는 데 도움이 됩니다.

사업소득은 수입금액에서 필요경비를 차감하는 구조입니다. 수입금액을 줄이는 것은 탈세 행위이므로 사업과 관련된 경비를 잘 챙겨 누락이 없게 신경 쓰세요.

근로소득은 총 급여액에서 근로소득공제를 차감하는 구조입니다. 근로소득공제는 총 급여액에 따라 일괄적으로 계산되는 항목으로 임의로 조절할 수 없습니다. 총 급여액을 줄여야만 근로소득을 통한 종합소득세를 줄일 수 있는데 세금 때문에 연봉을 낮춰달라고 할 사람은 없겠죠. 다시 말해 근로소득을 통한 절세방법은 없습니다.

연금소득 또한 마찬가지입니다. 연금소득은 총 연금액에서 연금소득공제를 차감합니다. 연금 때문에 종합소득세가 많이 나오는 경우, 연금 수령기간을 조절하는 방법으로 종합소득세를 조정해 보세요.

기타소득은 수입금액에서 필요경비를 차감해 계산합니다. 사업소득과 비슷해 보이지만 필요경비 인정이 더 어려운 편입니다. 기타소득금액이 300만 원 이하인 경우는 종합과세와 분리과세를 선택할 수 있어요. 만약 기타소득금액이 300만 원 이하인데 종합소득세 세율 적용구간이 24% 이상이라면 분리과세를 선택하는 편이 좋습니다.

2. 소득공제액을 늘린다

소득공제 항목은 기본공제, 부양가족공제 등 인적공제와 국민연금공제, 노란우산공제가 대표적입니다. 부양가족공제는 다른 가족이 공제받고 있다면, 소득금액이 큰 사람이 적용받는 것이 유리합니다. 만약 사업을 하는 남편과 회사를 다니는 아내라면 자녀공제나 부모님 공제의 경우, 소득금액이 큰 사람이 공제를 받으세요. 국민연금은 납입한 금액을 기준으로 공제되기 때문에 임의로 금액을 늘려서 납입할 순 없습니다. 노란우산공제는 내 소득금액에 맞는 연간 한도액까지 납입을 하면 최적의 금액으로 절세 효과를 볼 수 있어요.

종합소득세 신고서를 살펴보고 소득공제 항목 중 반영이 누락된 부분이나 앞으로 신고할 때 보완하면 좋겠다 하는 항목들을 찾아보세요.

3. 세액감면과 세액공제액을 반영한다

필요경비와 소득공제 항목을 꼼꼼히 챙기는 것이 사업자의 일이라면, 세액감면과 세액공제를 챙기는 것은 세무대리인의 일입니다. 사업장 현황을 분석해서 해당하는 세액감면과 세액공제 규정을 찾아 신고서에 반영하는 것이죠. 감면 업종에 해당하면 세액감면을 해주는 중소기업특별세액감면, 나이, 지역, 감면 업종에 해당하면 세액감면을 해주는 창업중소기업세액감면, 간편장부 대상자가 복식장부로 장부를 작성했을 때 해주는 기장세액공제, 직전 연도보다 고용인원이 증가했을 때 반영할 수 있는 통합고용세액공제 등.

모든 세액감면과 세액공제를 납세자인 사업자가 파악할 순 없습니다. 하지만 세무대리인이 있다 해도 대표적인 규정항목을 알고 있다면 세무계획을 세우는 데 큰 도움이 됩니다. 추후 신고서를 확인했을 때 감면이나 공제가 반영되었는지 여부를 파악할 수 있기 때문입니다.

성실신고 확인 대상 사업자인지 확인하자!

수입금액이 업종별로 일정 규모 이상인 개인사업자를 성실신고 확인 대상자로 분류하고 있습니다. 성실신고 확인 대상자는 종합소득세를 신고할 때 장부기장 내용의 정확성 여부를 세무사 등에게 확인받은 후 신고하게 함으로써 개인사업자의 성실한 신고를 유도하기 위해 도입되었어요.

당해 연도 수입금액이 성실신고 확인 대상자 기준 수입금액 이상이 되면 그 해에 바로 성실신고 확인 대상 사업자가 됩니다. 따라서 연도 중 누적 매출액을 확인하면서 성실신고 확인 대상 사업자 수입금액에 도달할지 미리 잘 관리해야 합니다.

업종별	성실신고 확인 대상자
가. 농업·임업 및 어업, 광업, 도매 및 소매업(상품중개업을 제외한다), 부동산매매업, 아래에 해당하지 아니하는 사업	15억 원 이상자
나. 제조업, 숙박 및 음식점업, 전기·가스·증기 및 공기조절 공급업, 수도·하수·폐기물처리·원료재생업, 건설업(비주거용 건물 건설업은 제외), 부동산 개발 및 공급업(주거용 건물 개발 및 공급업에 한정), 운수업 및 창고업, 정보통신업, 금융 및 보험업, 상품중개업, 욕탕업	7억 5천만 원 이상자
다. 부동산 임대업, 부동산업(부동산매매업 제외), 전문·과학 및 기술 서비스업, 사업시설관리·사업지원 및 임대서비스업, 교육서비스업, 보건업 및 사회복지 서비스업, 예술·스포츠 및 여가 관련 서비스업, 협회 및 단체, 수리 및 기타 개인 서비스업, 가구 내 고용활동	5억 원 이상자

성실신고 확인 대상자는 개인사업자 중에서 매출액이 큰 사업자로, 법인에 준하는 수준으로 관리해야 해요. 또한 사업장 장부의 정확성을 세무대리인에게 확인받아야 합니다. 장부를 불성실하게 확인하는 경우, 세무대리인 또한 징계를 받을 수 있어요. 그렇기 때문에 성실신고 확인 대상자가 되면 사업과 관련된 비용에 대한 판단을 보수적으로 할 수밖에 없습니다. 비용이 줄어들면 소득금액이 크게 계산되므로 종합소득세도 많이 나올 가능성이 큽니다. 그래서 성실신고 확인 대상 사업자가 되면 소위 세금 폭탄을 맞는다고 생각해 그 전에 법인으로 전환하는 경우도 많습니다.

성실신고 확인 대상 사업자는 보다 정확하게 장부를 작성해야 하고, 세무대리인의 확인을 필요로 하므로 종합소득세 신고기간을 6월 30일까지로 한 달 연장해 줍니다. 또 근로소득자만 공제가 가능한 의료비, 교육비, 월세세액공제 등 여러 세제 혜택도 주며, 세무대리인에게 지급하는 성실신고 확인 비용에 대해서도 최대 120만 원까지 세액공제를 해주고 있습니다. 반대로 성실신고 확인 대상자가 성실신고 확인서를 제출하지 않으면 가산세가 발생하며, 세무조사 대상자로 선정될 수 있으므로 주의하세요. 더불어 성실신고 확인을 제대로 하지 않은 성실신고 확인자, 즉 세무대리인도 징계 책임이 발생할 수 있습니다.

성실신고 확인서 미제출 가산세

①, ② 중 큰 금액

① 산출세액 × (미제출 사업장의 소득금액 / 종합소득금액) × 5%

② 사업소득 총 수입금액 × 0.02%

이렇게 성실신고 확인 대상자가 되면, 챙겨야 할 것들이 굉장히 많아집니다. 그렇다고 성실신고 확인 대상자가 되기 전에 무조건 법인 전환을 하거나, 사업자를 폐업하는 것은 좋은 방법이 아닙니다. 성실신고 확인 대상자가 되더라도 개인사업자가 법인사업자보다 더 유리하다고 판단하거나, 법인에 준해 장부관리가 가능한 경우에는 개인사업자를 유지하는 경우도 많습니다.

　무조건 남들이 피한다고 해서 나도 피할 필요는 없어요. 나에게 어떤 사업 형태가 유리한지 파악하는 게 더 중요합니다. 성실신고 확인 대상자가 되더라도 개인사업자가 유리하다고 판단되면, 법인에 준해 증빙과 계좌내역을 정리하고, 장부를 잘 관리하면 문제될 것이 없습니다. 무엇이든 모르면 겁부터 나지만, 알면 무섭지 않습니다. 세금도 마찬가지예요.

이것만 해도
세액감면 기본은 한다!

홈택스에 사업용계좌 등록하기, 현금영수증 가맹점 가입하기. 언뜻 들으면 지금까지 배운 세무 지식에 비해 중요한 일 같지 않습니다. 홈택스로 직접 처리하면 간단한 작업들이죠. 그러나 이 간단한 작업을 놓쳐서 세액감면을 못 받는 사례가 굉장히 많습니다. 세금을 줄이고 싶다면 기본부터 실천에 옮기세요!

1. 사업용계좌 개설 신고

직전 연도 수입금액이 복식부기 의무자 수입금액에 해당하는 경우, 사업용 계좌를 홈택스에 반드시 신고해야 합니다. 아울러 모든 사업용 거래를 해당 사업용 계좌를 통해 진행해야 합니다.

그렇지 않으면 가산세는 물론 창업감면 등 굵직한 세액감면을 받지 못할 수 있습니다.

홈택스에 사업용 계좌 개설 신고하는 방법

홈택스 로그인 > 증명·등록·신청

⇒ 사업용·공익법인전용 계좌 개설/조회

사용하고자 하는 사업용 계좌번호를 입력하고 등록버튼을 누르면 완료됩니다.

2. 현금영수증 가맹점 가입

국세청은 현금영수증 의무발행업종을 정하고 있습니다. 최종소비자를 대상으로 하는, 현금 수수가 많은 업종이 대부분인데요. 현금영수증 의무발행업종으로 분류된 사업자는 반드시 현금영수증 가맹점에 가입해야 합니다. 만약 가입하지 않은 경우, 추계신고 시 기준경비율을 적용하게 되며, 창업감면 등 굵직한 세액감면을 받지 못할 수 있습니다.

현금영수증 가맹점 가입하는 방법

◦ 국세청 홈택스 홈페이지에서 가입 신청

홈택스에 접속해 간편인증 등으로 로그인합니다.

상단 메뉴에서 [조회/발급] > [현금영수증] > [현금영수증 발급]으로 이동합니다. [현금영수증 발급 사업자 신청] 버튼을 클릭하면 사업자 정보가 자동 조회됩니다. 업체 담당자명과 연락처 등 필수 정보 입력 후 [신청하기] 버튼을 눌러 가입을 완료합니다.

◦ 신용카드 단말기 업체를 통한 가입
신용카드 가맹 시 현금영수증 가맹점으로 동시에 가입할 수 있습니다. 단말기 업체에 문의해 현금영수증 발급 기능을 신청하면 됩니다.

◦ 전화 ARS 가입
국세청 세미래콜센터(126) ARS를 통해서도 현금영수증 가맹점 가입이 가능합니다.

5분도 채 걸리지 않는 간단한 작업을 놓쳐서 최소 25%에서 최대 100%까지 세액감면 혜택을 적용받지 못하는 경우가 꽤 많습니다. 사업용계좌를 등록하지 않아서, 혹은 현금영수증 가맹점을 가입하지 못해서 감면받지 못한 경우는 추후 경정청구를 통해서도 감면받을 수 없습니다. 따라서 제때 의무를 다해 불필요한 세금을 납부하지 않도록 하세요.

Part 05

알아두면
득이 되는

비용처리
꿀팁

사업자등록을 하자마자 무조건 해야 하는 5가지

별것 아닌 것 같지만 작은 것들을 놓쳐 가산세를 내야 하거나 비용처리를 못 하는 일이 허다합니다. 나중에 해야지 하고 미루거나, 큰 돈 나가는 게 아니라고 무시하지 말고 사업자등록을 하면 바로 아래 항목들부터 체크해 무조건 하세요.

1. 사업용계좌 개설 및 국세청 홈택스 가입하기

사업자등록을 하면 가장 첫 번째로 해야 할 것은 은행 방문입니다. 은행에 방문해 사업자등록증을 제출하고, 사업용계좌를 개설해야 해요. 법인사업자는 사업용계좌 등록이 따로 없지만, 개인사업자는 사업용계좌를 반드시 등록해야 합니다. 복식부기 의무자가 사업용계좌를 등록하지 않거나 사용하지 않았을 경우 가산세가 발생하며, 세액감면도 받을 수 없습니다.

사업용 공인인증서도 발급받아야 합니다. 모든 세금 신고가 이루어지는 국세청 홈택스를 이용하려면 홈택스 사이트 가입이 필수인데, 이를 위해서는 공인인증서를 등록해야 하기 때문이에요. 만약 세금계산서를 발급해야 하는 업종이라면, 세금계산서 발급용 공인인증서도 추가로 발급받으세요. 세무대리인을 통해 세무신고를 할 때도 홈택스 수임동의를 거쳐야 하는데, 이 모든 것을 국세청 홈택스 사이트를 통해 진행합니다.

2. 사업용 카드 등록하기

법인사업자는 법인 명의의 카드가 자동으로 홈택스에 등록되므로 별도로 등록하지 않아도 됩니다. 그러나 개인사업자는 사업용 카드를 발급받고 반드시 홈택스에 직접 등록해야 합니다. 은행에서 사업용 카드라고 발급받은 카드도 가능하고, 개인 명의의 카드도 등록이 가능해요. 사업용 카드를 홈택스에 등록하면, 부가가치세 신고 시 자동으로 카드사용 내역이 연동되므로 처리가 간편합니다. 또 사업용 카드를 등록하는 행위 자체로 사업과 관련된 목적으로 사용하겠다는 것을 알리는 것이니 꼭 등록하세요. 만약 등록하지 않은 카드를 사용해 비용을 처리하거나 부가가치세 공제를 받는다면, 사적 사용분을 비용처리한 것으로 볼 수 있기 때문입니다.

3. 전력비 세금계산서 발급으로 바꾸기

사업장이 있는 경우, 전력비가 발생합니다. 전력비에는 부가가치세가 포함되어 있는데요. 이 부가가치세를 공제받으려면 한국전력에 사업자등록증을 제출하고, 세금계산서 발급을 요청하세요. 그렇지 않으면 부가가치세 공제를 받기 어렵습니다. 단, 자택을 주소지로 해 사업자등록을 한 경우에는 전력비 부가가치세를 공제받을 수 없습니다.

4. 휴대폰 요금결제 사업용 카드로 바꾸기

사업과 관련해 사용하는 경비 중 가장 대표적인 것이 휴대폰 요금, 즉 통신비입니다. 통신비에도 부가가치세가 포함되어 있습니다. 통신비에 대해 부가가치세 공제를 받으려면 통신사 계약을 사업자 명의로 바꾸고 세금계산서 발급을 요청하거나, 휴대폰 요금 결제방법을 사업용 카드 결제로 바꾸는 방법이 있습니다. 사업용 카드로 결제하는 경우, 적격증빙으로 분류되기 때문에 부가가치세 공제를 받을 수 있습니다. 휴대폰 요금이 큰 금액은 아니더라도 이런 작은 것 하나하나를 모아 챙긴다면 부가가치세를 줄일 수 있습니다.

5. 온라인 페이 현금영수증 발급정보 등록하기

네이버페이, 카카오페이 등 최근 온라인 페이로 결제하는 일이 늘고 있습니다. 온라인 페이는 카드를 등록해 결제하거나, 잔액을 충전해 결제 후 현금영수증을 발급받는 방법이 있는데요. 카드로 결제할 때 홈택스에 등록된 카드라면 자동으로 수집이 되기 때문에 별도의 조치가 필요하지 않습니다. 그러나 잔액 충전 후 결제, 즉 계좌이체 형식으로 결제하는 경우라면 현금영수증 발급 정보를 반드시 바꿔야 합니다. 보통은 현금영수증 발급 정보의 기본 세팅이 핸드폰 번호 혹은 주민등록번호로 등록되어 있기 때문이에요. 현금영수증 발급정보가 핸드폰 번호 혹은 주민등록번호라면 소득공제용으로 발급되는 것입니다. 소득공제용 영수증은 사업자 비용 처리가 어렵습니다. 따라서 반드시 지출증빙용 현금영수증이 발급될 수 있게 발급정보를 사업자등록번호로 바꾸세요.

직원 한 명 뽑으면
세금이 얼마나 줄까?

사업을 하다 보면 혼자서 모든 일을 하기 어려워 아르바이트 등 다른 사람의 도움을 받아야 할 때가 있습니다. 그리고 직원을 고용해야 하는 순간도 찾아오는데요. 급여를 비롯해 식대, 4대보험, 퇴직금 등까지 계산하면 부담이 크기 때문에 쉽게 고용을 결정하지 못하는 경우가 많습니다. 그런데 실제 얼마나 돈이 나가는지만 계산하고, 직원을 고용함으로써 어떤 이득을 보게 될지 종합적으로 살펴보는 분들은 많지 않습니다.

직원 한 명을 뽑으면 '정말' 얼마나 들까요? 사업장 수익에서 비용을 차감한 소득금액이 1억 원이라고 가정해 보겠습니다. 소득공제는 일단 기본공제만 적용할게요.

	소득금액	100,000,000원
⊖	기본공제	1,500,000원

- -

| ⊜ | 과세표준 | 98,500,000원 (종소세 세율 35%) |

⇩

	산출세액	19,035,000원
⊖	기본공제	70,000원

- -

| ⊜ | **결정세액** | **18,965,000원** |

위와 같이 소득금액 1억 원에 기본 소득공제와 기본 세액공제만 반영한다면 소득세는 18,965,000원이 됩니다. 여기에 2026년 최저임금(시간당 10,320원) 기준으로 하루 8시간 근무하는 직원 한 명을 고용한다고 가정해 보겠습니다. 주휴수당까지 포함해 계산하면 월 급여는 2,156,880원, 연봉은 25,882,560원입니다. 계산의 편의를 위해 연봉은 2,600만 원으로 정하겠습니다. 여기에 사업주가 부담해야 하는 4대보험은 대략 10%, 퇴직금도 10% 정도로 적립한다고 가정하겠습니다. 식대는 비과세 식대 한도인 월 20만 원을 책정할게요.

	연봉	26,000,000원
➕	4대 보험	2,600,000원
➕	퇴직금	2,600,000원
➕	식대	2,400,000원

	총 부담금액	33,600,000원

직원을 고용해 지급한 금액은 비용처리가 되는데요. 소득금액은 1억 원에서 위의 금액을 차감해 66,400,000원으로 줄어듭니다.

	소득금액	66,400,000원
➖	기본공제	1,500,000원

⊜	과세표준	64,900,000원 (종소세 세율 24%)

⇩

	산출세액	9,816,000원
➖	기본공제	70,000원
➖	세액공제	6,380,400원 (직원 고용)

⊜	**결정세액**	**3,365,600원**

직전 연도보다 고용한 직원이 증가하면, 증가한 직원에 대해 세액공제를 해주는 제도가 있습니다. 이 제도를 활용하면 비수도권 중소기업인 경우 청년 직원 1인당 최대 1,000만 원(수도권 중소기업 700만 원)까지 세액공제를 받을 수 있습니다. 이 제도를 활용하면 직원을 고용하기 전 18,965,000원에서 3,365,600원으로 세금이 15,599,400원 줄어듭니다.

직원을 고용하며 줄어든 금액을 전체적으로 살펴볼까요?

소득세	15,599,400원
➕ 지방소득세	1,559,940원
➕ 건강보험료	2,688,000원

(소득금액이 줄어듦에 따라 감소하는 사업주 건강보험료)

➖   19,847,340원

직원 1명을 고용해 나가는 금액 33,600,000원에서 직원을 고용해 줄어드는 금액을 대략 위와 같이 19,800,000원으로 계산할 때 실제 나가는 금액은 13,800,000원입니다. 월로 환산하면 매월 직원 1명을 통해 나가는 금액은 1,150,000원인 셈이죠. 그리고 직원 복리후생과 관련해 사용한 경비에 대해서는 부가가치세 10%

까지 공제가 되기 때문에 부가가치세 혜택도 누릴 수 있습니다.

물론 급여를 지급하는 시점과 종합소득세와 건강보험료를 납부하는 시점, 즉 이득을 보는 시점이 다르기 때문에 크게 실감하지 못할 수도 있습니다. 하지만 사업하려면 보이지 않는 것을 볼 수 있는 능력까지 갖춰야 합니다. 직원을 고용하면 당장 자금 부담이 있는 것은 맞지만, 잘 따져보면 증가하는 효용들이 많습니다. 따라서 직원 고용을 고려할 때 지출금액만 따지지 말고 절세 항목까지 종합적으로 판단해 볼 필요가 있어요.

차를 구입하면 얼마나 비용처리될까?

차량과 관련된 비용처리 문제는 가장 많은 분들이 궁금해하는 부분입니다. 아무래도 금액 단위가 크고, 유류대, 수리비 등 부가적으로 지출해야 하는 돈도 많기 때문일 텐데요. 이 큰 금액을 다 비용처리할 수 있다면 세금이 정말 많이 줄겠죠. 일단 차량과 관련된 비용의 세금 혜택은 종합소득세와 부가가치세 혜택으로 나눠서 살펴봐야 합니다.

차량의 구입/리스/렌트 비용처리

　　차량은 구입방식에 따라 현금(할부) 구입, 리스, 렌트 등 크게 3가
지로 나눠볼 수 있습니다. 전체 금액을 놓고 판단할 때 차를 가장
싸게 구입할 수 있는 방법은 현금 구입입니다. 현금 구입 시 초기
비용이 크게 발생하기도 하고, 추후 차를 매각할 때 부가가치세와
종합소득세가 나올 수 있다는 점을 아는 사람들은 리스나 렌트가
더 싸다고 생각할 수도 있어요. 하지만 리스나 렌트는 계약이 종
료됐을 때 다른 차량을 또 계약해야 하므로 추가로 비용이 들어갑
니다. 현금 구입을 하는 경우 팔지만 않는다면 다른 차량을 또 구
입할 필요가 없기 때문에 사실 가장 싼 구입 방식이라고 할 수 있
어요.

　　그럼에도 사업자들은 왜 리스와 렌트를 선호할까요? 리스와
렌트는 비용처리가 가능한데, 현금(할부)으로 구입하면 비용처리
가 다 안 된다고 잘못 알고 있는 경우가 많기 때문입니다. 차량을
현금(할부)으로 구입해도, 감가상각이라는 제도를 통해 비용처리
가 가능합니다. 예를 들어, 4,000만 원짜리 그랜저를 구입했다고
가정해 볼까요? 현금 구입이든 할부 구입이든 사업자 장부 중 자
산에 차량운반구로 4,000만 원이 기록됩니다. 즉, 사업장의 자산
으로 처리되는데 이를 5년에 걸쳐 비용처리를 해줍니다.

자산 : 4,000만 원

감가상각방법/감가상각연수 : 정액법, 5년

감가상각비 계산방법 : 4,000만 원/5년 = 800만 원/1년

만약 차를 1월에 구입했다면 1년에 800만 원씩 비용처리 해주는 식입니다. 참고로 국세청에서 차량가격의 비용처리는 연 800만 원으로 한도를 정하고 있습니다. 따라서 4,000만 원짜리 차량이라면 한도 내에 속하므로 5년에 걸쳐 전액 비용처리가 가능합니다.

리스의 경우에는 월 리스료의 93%를 차량가격에 대한 리스료로, 7%는 차량 유지비용으로 나누어 비용처리를 합니다. 그리고 이 93%에 해당하는 비용을 차량가격으로 보고 연 800만 원의 한도를 적용합니다. 한도를 초과하는 금액에 대해서는 비용처리가 불가능해요(연중 구입 시 월 환산 필요). 별도로 리스료의 7%는 차량 유지비용의 한도인 700만 원을 적용합니다.

렌트의 경우에는 월 렌트료의 70%를 차량가격에 대한 렌트료로, 30%를 차량 유지비용에 대한 렌트료로 나누어 비용처리를 합니다. 이 70%에 해당하는 비용을 차량가격으로 보고 연 800만 원의 한도를 적용합니다. 한도를 초과하는 금액에 대해서는 비용처리가 불가능해요(연중 구입 시 월 환산 필요). 별도로 렌트료의 30%는 차량 유지비용의 한도인 700만 원을 적용합니다. 이렇듯 차량 구

입방식이 달라진다고 해서 연간 총 한도인 1,500만 원(차량가격에 대한 한도 800만 원, 유지비용에 대한 한도 700만 원)이 달라지는 것은 아닙니다.

차량 구입, 리스, 렌트의 장단점 비교

구분	현금(할부) 구입	리스	렌트
장점	• 차량 소유권이 본인에게 있음 • 감가상각비로 비용처리 가능(부가세 공제는 차종에 따라 다름) • 장기적으로 렌트나 리스보다 저렴할 가능성이 있음	• 초기 비용 선택 가능(부담 낮음) • 차량 소유권은 금융사에 있지만, 실질적으로 본인 차량처럼 사용 가능 • 운용리스:리스료 계산서로 비용처리 가능(부가세 공제는 차종에 따라 다름) • 금융리스:감가상각으로 비용처리 가능(부가세 공제는 차종에 따라 다름)	• 초기 비용 부담 없음 • 보험료, 자동차세 포함 • 월 렌트료 세금계산서로 비용처리 가능(부가세 공제는 차종에 따라 다름)
단점	• 초기 취득세, 등록비 등의 추가 비용 발생 • 할부 시 이자비용 발생 • 보험료, 자동차세, 유지보수 비용 전액 본인 부담 • 차량 중도 매각 시 부가세 및 종합소득세 발생 가능	• 차량 소유권이 없음 • 금융리스의 경우, 차량 중도 매각 시 부가세 및 종합소득세 발생 가능 • 장기적으로 비용이 더 비쌀 수 있음	• 차량 소유권이 없음 • 장기적으로 비용이 더 비쌀 수 있음 • 주행거리 제한이 있을 수 있음

추천 대상	• 5년 이상 차량을 유지할 계획이 있는 경우 • 소유권이 중요한 경우	• 고가의 차량을 이용하면서 초기 비용을 줄이고 싶은 사업자 • 업무용 차량으로 활용하면서 비용처리를 원활하게 하고 싶은 경우 • 5년 이내에 차량을 교체할 계획이 있는 경우	• 여러 직원이 공용으로 사용하는 업무용 차량 • 차량 유지 관리 부담을 줄이고 싶은 사업자 • 운전자가 자주 바뀌는 경우

차량유지비의 비용처리

유류세, 보험료 등 차량유지비의 비용처리는 연 700만 원으로 한도가 있다고 설명했는데요. 한도를 적용하는 차량이 있고 적용하지 않는 차량이 있습니다. 또 차종에 따라 비용처리 한도도 다릅니다.

개별소비세가 과세되는 차량, 즉 매입세액 불공제 차량은 차량유지비 비용처리 한도 1,500만 원을 적용합니다. 또 차량 구입 시 감가상각비를 계산할 때 감가상각방법을 정액법, 그리고 감가상각내용연수를 5년으로 강제 적용합니다.

반대로 개별소비세가 과세되지 않는 차량, 즉 매입세액공제 차량의 경우는 차량유지비 비용처리 한도를 적용하지 않습니다. 따라서 차량유지비의 비용처리가 한도 없이 가능합니다. 더불어, 차량 구입 시 감가상각비를 계산할 때 감가상각방법을 정률법, 그리고 감가상각내용연수는 5년으로 적용합니다.

매입세액 불공제 차량 (개별소비세 과세 차량)	매입세액공제 차량 (개별소비세 과세되지 않는 차량)
8인승 이하 승용차(SUV 포함) 캠핑용 자동차(캠핑용 트레일러 포함) 125cc 초과 오토바이	9인승 이상 승용차/승합차 배기량 1,000cc 이하인 경차 길이 3.6미터 이하, 폭 1.6미터 이하인 전기차 화물자동차, VAN 차량 125cc 이하 오토바이

다만, 운수업, 자동차판매업, 자동차임대업, 운전학원업, 경비업(경비업법에 따른 출동차량에 한함) 및 이와 유사한 업종을 영위하는 자가 직접 영업용으로 사용하기 위하여 취득한 차량과 매입세액공제 가능 차량에 대한 주유비, 수선비 등의 유지비용은 매입세액공제가 가능합니다.

만약 개별소비세가 과세되는 차량, 즉 매입세액 불공제 차량을 운행하는 사업자가 차량유지비 한도인 1,500만 원을 초과해 비용처리를 받고 싶다면 차량 운행일지를 작성해야 합니다. 다만 차량 운행일지를 작성해도 차량가격에 대한 한도(800만 원)는 변하지 않습니다. 1년 열두 달, 매일 매 시간 차량 운행기록을 작성하는 것은 쉬운 일이 아니죠. 하지만 업무상 차량유지 비용이 많이 발생한다면 운행일지를 반드시 작성해서 비용처리를 추가적으로 받는 게 좋습니다.

업무 차량이 여러 대인 경우

법인은 법인 차량에 대해 비용처리를 하려면 반드시 업무전용보험에 가입해야 합니다. 반대로 개인사업자는 업무전용보험이라는 개념이 없었습니다. 현재도 개인사업자의 차량이 한 대인 경우에는 업무전용보험을 가입하지 않아도 됩니다. 그러나 복식부기 의무자인 개인사업자 사업장의 차량이 여러 대인 경우, 한 대를 제외한 나머지 차량에 대해서는 업무전용보험에 가입해야 합니다. 렌트카의 경우도 업체에서 제공하는 자동차보험에 업무전용 특약을 넣어 가입해야 합니다. 만약 가입하지 않으면 차량유지비의 비용처리가 전액 불가합니다(2025년까지는 50%만 인정). 복식부기 의무자 판단은 154쪽 표를 참고하세요.

업무전용보험 가입대상자 및 비용처리 인정비율

대상자 : 성실신고 대상자, 전문자격사, 그 외 복식부기 의무자

대상차량 : 개별소비세가 과세되는 차량(부가가치세 불공제 차량) 중

한 대를 제외한 나머지 차량

비용처리 비율 : 가입 시 100%, 미가입 시 0%

쉽게 예를 들어보겠습니다.

A 사업장 | 화물차 2, 그랜저 1

▶ 업무전용보험 가입대상 차량 없음

(개별소비세 과세대상 차량이 그랜저 한 대이기 때문)

B 사업장 | 레이 1, 그랜저 2

▶ 그랜저 한 대는 업무전용보험 가입해야 함

(개별소비세 과세대상 차량인 그랜저 두 대 중 한 대는 가입해야 함)

배우자 명의 차량의 비용처리

국세기본법 제14조 실질과세에 규정된 내용을 살펴보면 '세법 중 과세표준의 계산에 관한 규정은 소득, 수익, 재산, 행위 또는 거

래의 명칭이나 형식에 관계없이 그 실질 내용에 따라 적용한다.'고 나와 있습니다. 즉, 형식적인 명의보다는 실질적으로 누가 어떻게 사용했는지가 중요하다는 것입니다. 따라서 차량의 명의가 배우자 혹은 타인의 명의라고 하더라도 사실상 해당 사업자가 사업과 관련하여 취득해 사용했다는 것이 확인되면 비용처리를 할 수 있습니다.

물론, 차량 명의가 본인이 아닌 경우, 본인 명의 차량보다 사업에 사용했다는 실질 여부를 입증하는 데 어려움은 있습니다. 그러므로 가능하면 본인 명의의 차량을 운행해 비용을 처리하는 것이 가장 좋은 방법입니다.

Tip 🔍 **법인 명의로 슈퍼카를 구입하는 이유**

법인사업체를 운영하는 대표들은 왜 슈퍼카를 사는 걸까요? 비용처리 때문은 아닙니다. 앞에서 말했듯 비영업용 승용차는 1,500만 원까지만 비용처리가 가능하니까요. 그렇다면 8,000만 원을 초과하는 차는 연두색 번호판을 부착해야 하고 규제도 많은데 왜 굳이 법인으로 차량을 구입하는 걸까 의문이 들죠.

법인 세금과 개인 세금의 구조적 차이 때문입니다. 법인은 수익과 비용을 차감한 소득에 대해 법인세를 납부합니다. 여기서 비용에는 대표자 급여가 포함됩니다. 반대로 개인사업자 대표자의 급여는 비용처리가 되지 않아요. 법인을 운영하는 대표가 급여를 받아 개인 돈으로 차량을 구입하려면, 개인 종합소득세와 4대보험을 모두 차감한 세후 급여를 모아 구입해야겠지요.

그런데 법인으로 구입하면 법인에서 세금을 납부하기 전에 차량을 구입할 수 있습니다. 법인이 구입한 차량은 개인 자산이 아니라 법인 자산으로 귀속되고요. 즉, 법인 차량이므로 세금을 제외하기 전 현금 흐름으로 구입이 가능한 것이죠. 만약 법인으로 구입한 차량을 개인 자산으로 명의를 바꾸고 싶다면 소득세와 4대보험을 모두 납부해야 합니다.

결국 법인 대표자 입장에서 보면 법인으로 슈퍼카를 구입하는 것이 여러 면에서 현명한 선택인 것이죠. 개인 명의로 구입하면 연말정산에서 받을 수 있는 혜택은 거의 없으니까요.

그랜저 VS 카니발, 무슨 차를 사는 게 더 이득일까?

'차를 구입할 때 얼마나 비용처리가 되는지'와 함께 많이 묻는 질문이 '어떤 차를 사야 세금에 이득이냐' 하는 것입니다. 몇 년 전 한 개그맨이 음주운전 뺑소니로 논란된 적이 있는데요. 그때 사고 못지않게 화제가 된 것이 비싼 슈퍼카였습니다. 알고 보니 해당 슈퍼카는 법인 차량이었고, 당시만 해도 차량 관련 비용 규제가 없었기 때문에 절세 목적으로 비싼 차를 구입해 비용처리를 받고 있었던 것이죠. 이후 법인 차량에 대한 인식이 안 좋아지면서 비영업용 승용차 관련 비용처리 한도 규정이 생겼습니다.

현재는 차종에 따라 비용처리 방법이 달라지면서 사업자들이 차를 구매할 때 어떤 차가 가장 이득일까 많이 궁금해하는 것 같습니다. 대표적으로 승용차인 그랜저와 승합차인 카니발을 예로 들어보겠습니다. 그랜저는 개별소비세가 과세되는 차량으로 세법상 규제 차량에 해당합니다. 따라서 관련 비용은 부가가치세 공제를 받지 못하며, 차량가액에 대한 감가상각비 혹은 리스료, 렌트료, 유지에 따라 발생하는 유류대, 수리비, 보험료 등은 1,500만 원까지만 비용처리를 할 수 있습니다.

카니발은 7인승과 9인승으로 나누어 볼 수 있습니다. 7인승 카니발은 개별소비세가 과세되는 차량으로 세법상 규제 차량에 해당해 그랜저와 마찬가지로 부가가치세가 공제되지 않고, 비용처리에도 한도가 있습니다.

그러나 216쪽 표에서 설명했듯 카니발 9인승은 개별소비세가 과세되지 않는 차량으로 세법상 규제 차량으로 분류되지 않습니다. 따라서 관련 비용은 부가가치세 공제를 받을 수 있습니다. 또한 차량가격에 대한 감가상각비 혹은 리스료, 렌트료, 유지에 따라 발생하는 부대비용들도 모두 한도 없이 비용처리가 가능합니다. 그랜저와 카니발 중 세법상 더 유리한 차량을 꼽는다면, 카니발 9인승입니다. 다시 말해 세금을 줄이려면 9인승 이상의 승합차를 추천합니다.

3천만 원짜리 장비를 샀는데 전액 비용처리될까?

연말이 다가오기 전에 저는 사업장들의 손익을 가결산해 예상세액을 안내합니다. 개인사업자의 경우 대표자의 소득이 이를 통해 결정되므로 굉장히 중요해요. 미리 대비하지 않으면 다음 해 5월에 '종합소득세 폭탄'을 맞을 수 있습니다. 그러나 가결산 후 세금을 획기적으로 줄일 수 있는 방법은 그리 많지 않습니다. 그럴 때마다 받는 질문이 있습니다. "내년에 구입할 장비를 올해 안에 구입해 비용처리를 하는 게 좋을까요?" 고가 장비를 구입하면 바로 비용처리가 되어 세금이 많이 줄지 않겠냐는 것이죠.

진짜 3,000만 원짜리 장비를 구입하면 전액 비용처리가 되어 세금을 줄이는 데 도움이 될까요? 장비를 구입한 해에 전액 비용처리할 수 있다면 당연히 좋겠지만, 그렇게 처리할 수는 없습니다. 100만 원이 넘는 비품을 구입할 때는 비용을 나누어 인식해야 하기 때문입니다.

3,000만 원짜리 장비의 감가상각 내용연수가 5년이고, 정액법으로 감가상각을 한다고 가정해 볼까요? 일단 3,000만 원짜리 비품을 5년으로 나눠야 합니다. 그 결과 한 해에 600만 원만 비용처리가 가능합니다. 거기에 월할 계산을 해야 합니다. 5년을 월로 환산(60개월)한 금액은 50만 원입니다. 만약 10월에 3,000만 원짜리 장비를 구입했다면 12월까지 총 3개월이 남았으므로 당해 연도에 비용으로 처리할 수 있는 금액은 150만 원(50만 원 × 3개월)인 것이죠.

아무리 고가의 장비를 구입한다고 해도 세법으로 인식할 수 있는 금액은 한도가 정해져 있다는 것을 기억하세요. 당장의 세금을 줄이기 위한 방법으로는 적절하지 않으므로 장비를 구입할 때 참고하는 것이 좋습니다.

가족, 인건비로 비용처리가 가능할까?

가족과 함께 일하는 경우가 꽤 많습니다. 직원을 고용하기보다는 바쁠 때 가족의 도움을 받아 사업을 꾸려가는 것을 편하게 생각하기 때문이죠. 이때 가족에게 급여 명목으로 지급하는 금액은 경비로 인정받을 수 없다고 생각하는 사업자들이 많습니다. 그동안 실제 근무하지도 않는 가족들을 직원으로 등재시켜 비용처리를 하는 탈세행위가 많았기 때문일 것입니다. 국세청에서 가족을 고용한 경우 인건비에 대해 더 철저하게 감시·감독을 하겠다고 엄포를 놓기도 했고요.

여기서 중요한 건 실제 근무를 했는지 여부입니다. 실제 근무를 했다면 가족이라고 해도 인건비로 비용처리가 가능합니다. 심지어 4대보험도 가입이 가능해요. 물론 고용보험의 경우는 가입이 어려울 수 있습니다. 고용보험 혜택은 실업이나 출산 등에 대해 혜택을 주는 것인데 특수관계자인 가족은 이를 조율해 혜택을 받을 수 있는 여지가 있다고 보기 때문이에요. 또 같은 일을 하는 직원에게는 200만 원의 급여를 주면서, 가족이라고 500만 원을 지급하는 등 차등을 해서는 안 됩니다. 가족과 같은 직급, 같은 업무를 하는 직원이라면 동일 수준의 급여를 지급해야 합니다.

즉, 가족을 인건비로 처리할 때는 아래의 두 가지를 유의하세요.

○ 실제 근무를 하였는가
○ 급여가 적정한 수준인가

국세청 시스템이 매우 발전했기 때문에 가족 인건비에 대해 어느 정도 파악하고 있습니다. 따라서 비용이 부족하다는 이유로 가족 앞으로 급여를 신고하는 등의 탈세행위는 절대 금물입니다. 심지어 요즘은 국세청에서 종합소득세 안내문을 발송할 때 '실제 근무하지 않는 가족 인건비에 대한 처리'를 알고 있다며, 성실신고를 하라는 알람을 보내기도 합니다. 만약 실제로 가족과 함께 일하고 있다면, 근로계약서뿐 아니라 근무기록을 증명할 수 있는 제반 서류들을 잘 구비해 놓는 것이 안전합니다.

노란우산공제는 필수일까?

'노란우산'이란, 소기업 혹은 소상공인이 폐업이나 노령 등의 생계 위협으로부터 생활의 안정을 꾀하고 사업재기 기회를 제공받을 수 있게 하기 위해 만들어진 공제제도입니다. 노란우산공제는 계좌 자체에 대한 압류가 법적으로 금지되는 압류방지 계좌로, 혹시라도 사업 실패로 폐업했을 경우에도 압류되지 않습니다. 따라서 폐업 시에도 최소한의 생활안정과 사업재기를 위한 자금 확보가 가능합니다.

이런 장점 때문에 국가에서는 노란우산공제 가입을 추천하고 있습니다. 게다가 종합소득세 신고 시 소득공제 항목으로, 과세표준을 줄이는 데도 도움이 됩니다. 비용처리와 동일한 효과를 내는 항목이죠.

노란우산공제는 이렇게 장점이 많습니다. 하지만 세무사들 사이에서도 노란우산공제 가입이 과연 이득이냐에 대해서는 의견이 분분합니다. 폐업, 사망, 10년 이상 가입자의 경영악화 등의 사유 혹은 자유의사에 따라 계약해지가 가능하기 때문입니다. 폐업, 사망, 10년 이상 가입자의 경영악화 등의 사유로 해지하는 경우, 지급받는 공제부금은 퇴직소득으로 과세합니다. 퇴직소득은 종합소득에 포함되지 않기 때문에 종합소득세 대비 낮은 세율로 계산되어 유리합니다. 반면 그 외의 사유로 해지할 경우 기타소득으로 과세되며, 지급받는 공제부금에 대해 15%의 세율로 원천징수하고, 해당 공제부금은 종합소득에 포함됩니다. 그래서 해지하는 해에 종합소득세 부담이 클 수 있습니다.

저의 경우는 사업 시작부터 노란우산공제 가입을 안내하진 않는데요. 사업과 관련된 비용을 최대한 누락 없이 챙겼음에도 불구하고 계산되는 종합소득세 부담이 큰 경우, 가입을 추천하고 있습니다. 납입할 때 세금 절세가 되긴 하나, 해지 시 다시 세금을 납부해야 하므로 완벽한 절세 항목이라기보다 지금 내야 할 세금을 뒤로 미뤄주는 이연 효과로 생각하기 때문입니다. 물론 폐업, 사망 등을 대비하는 목적이라면 노란우산공제가 하나의 방법이 될 수 있습니다.

직원 보너스,
돈이 좋을까, 선물이 좋을까?

연말이나 명절 때 직원에게 상여금이나 보너스를 지급할 일들이 생깁니다. 이때 급여에 포함해서 돈으로 지급하는 경우와 선물을 구입해 지급하는 경우가 있습니다. 무엇이 더 비용처리나 세금에 유리할까요?

선물을 구입해서 주면 소득세나 4대보험이 나오지 않는 것으로 잘못 알고 있는 경우가 많습니다. 그러나 지급의 형태가 다른 것일 뿐 근로에 대한 대가를 현금이나 현물(물건)로 지급했다면 근로자에게 소득세와 지방소득세, 그리고 4대보험이 모두 발생합니다. 즉, 상여금으로 300만 원을 급여에 포함해서 주는 것과 300만 원짜리 물건을 선물로 주는 것의 효과는 동일하다는 것입니다. 물론 부가가치세까지 고려한다면 아래와 같이 물건으로 지급하는 것이 조금 더 나을 수는 있습니다.

상여금을 현금으로 주는 경우

상여금 : 300만 원

직원 입장 : 300만 원 소득 증가

→ 연말정산 소득세, 지방소득세, 4대보험료 추가 발생

사업주 입장 : 300만 원 전액 비용처리

→ 사업주 부담분 4대보험료 추가 발생

상여금을 선물(300만 원)로 주는 경우

직원 입장 : 2,727,272원 소득 증가

→ 연말정산 소득세, 지방소득세, 4대보험료 추가 발생

사업주 입장 : 2,727,272원 비용처리 + 272,727원 부가가치세 공제

→ 2,727,272원에 대한 사업주 부담분 4대보험료 추가 발생

사업용 카드로 300만 원짜리 물건을 구입하면, 해당 내역은 부가가치세 신고 시 반영되어 매입세액공제가 가능합니다. 300만 원짜리 물건이라면 부가가치세 272,727원이 포함되어 있죠. 따라서 부가가치세 신고 시 직원에게 지급한 물품은 복리후생비로 분

류되어 부가가치세 공제가 가능합니다. 내가 납부할 부가가치세에서 272,727원을 추가로 공제받을 수 있는 것이죠.

　상여금으로 물건을 구입해 지급한다면, 연말정산 소득세, 지방소득세, 4대보험료를 산정하는 기준이 현금으로 지급하는 경우보다 272,727원 낮게 산정됩니다. 직원 입장에서는 현금으로 받을 때보다 소득세와 지방소득세, 4대보험료가 줄고, 사업주 입장에서는 부가가치세 공제도 받고, 사업주 부담분 4대보험료도 줄어드는 장점이 있습니다. 따라서 상여금을 지급할 때 이 부분을 고려해서 결정하세요.

챗GPT, SNS 광고 등의 해외결제, 비용처리될까?

챗GPT, 노션, 구글 수수료, 인스타그램 광고비용 등 요즘 회사에서도 해외 플랫폼과 관련된 비용결제가 점점 늘고 있습니다. 또 해외 출장 시 사용하는 교통비, 식대 등도 모두 해외결제 내역이지요. 해외에서 결제한 내역도 모두 비용처리가 될까요?

일단, 해외결제 내역은 부가가치세와는 상관이 없는 항목입니다. 국외에서 결제했기 때문에 국내에서 부가가치세를 공제받을 수 없는 것이죠. 따라서 부가가치세 신고 시에는 반영하지 않습니다.

반면 종합소득세 신고 시에는 해외결제 내역에 대해서 비용처리를 할 수 있습니다. 그런데 많은 사람들이 사업용 카드를 사용하면 국내 사용분처럼 자동으로 비용처리가 된다고 생각합니다.

해외결제 내역은 사업용 카드로 결제했더라도 국세청 홈택스에 사용내역이 전송되지 않습니다. 따라서 별도로 신고하지 않으면 누락되기 쉬운 비용이므로 종합소득세 신고할 때 별도로 잘 반영해야 합니다.

해외결제 내역을 비용처리하려면, 카드사 홈페이지에서 해당 연도 1월 1일부터 12월 31일까지 승인된 국외사용 내역을 파일로 다운로드하세요. 그리고 사업과 관련해 사용한 내역을 선별해 세무대리인에게 전달하거나 직접 신고를 하세요. 회계 계정별로 분류해 간편장부나 복식장부 손익계산서에 반영하면 됩니다.

만약 해외출장 중에 환전하여 현금으로 사용한 내역이 있다면, 영수증이 반드시 있어야만 비용처리할 수 있습니다. 따라서 해외출장 시 가능한 카드를 사용하는 것이 좋고, 부득이하게 현금을 사용해야 한다면 영수증을 꼭 챙겨두세요.

기부하면
세금 줄이는 데 도움이 될까?

연말이 되거나 큰 재해가 발생하면 유명인들의 기부행렬이 이어지곤 합니다. 그럴 때마다 댓글에는 칭찬의 목소리도 있지만, 세금 줄이려고 기부하는 것 아니냐는 글도 많이 올라옵니다. 진짜 기부를 하면 세금을 줄일 수 있을까요?

반은 맞고 반은 틀립니다. 물론 기부를 하면 기부금 세액공제나 기부금 필요경비 처리를 통해 세금을 줄이는 효과가 있습니다. 그러나 기부금은 소득금액에 따라, 기부금 종류별로 소득금액을 기준으로 각각 한도가 있습니다. 따라서 기부금을 통한 절세효과가 매우 크다고 볼 수는 없어요.

그럼에도 불구하고 유명인들은 왜 거액을 기부하는 것일까요?

물론 세금절세 효과를 조금이라도 보려는 경우가 있겠지만, 그보다는 기부를 통해 사회적 역할을 함으로써 신뢰를 쌓는 등 대외적인 이미지가 좋아지기 때문입니다. 특히 연예인들은 기부활동을 통해 긍정적 이미지가 쌓이면 자연스럽게 광고 가치 등의 자산 가치가 높아지므로 사업활동의 일환이라고 볼 수 있습니다.

기업도 마찬가지입니다. 기부를 통한 절세 효과도 있겠지만, 신뢰감 있는 기업 이미지를 만들 수 있고, 기부를 통한 마케팅 효과로 브랜딩 자산을 쌓을 수 있습니다. 따라서 기부하면 세금을 줄일 수 있다는 얘기는 반은 맞고 반은 틀린 이야기입니다.

청첩장, 부고문자도 비용처리가 된다

사업을 하다 보면 거래처 등의 경조사를 챙겨야 하는 일이 생깁니다. 거래처 경조사비 또한 사업과 관련된 경비로 비용을 인정받을 수 있어요. 그런데 경조사비는 보통 현금으로 전달하기 때문에 실제 얼마를 지출했는지 알 수 없다는 특징이 있습니다. 그래서 국세청에서는 1건당 최대 20만 원까지 경비로 인정하고 있어요.

거래처 등에서 청첩장이나 부고문자 등을 받게 되면 잘 챙겨서 보관하세요. 요즘은 모바일 링크로 보내는 경우가 많은데 기한이 지나면 링크가 사라질 수 있습니다. 그러므로 받으면 그때그때 바로 캡쳐해서 보관하세요.

거래처 경조사비는 기업 업무추진비, 즉 접대비로 분류됩니다.

다만 기업 업무추진비는 연 한도가 있어요. 중소기업의 경우 기본 한도가 3,600만 원입니다. 접대비를 아무리 많이 사용해도 모두 비용처리를 할 수는 없습니다.

경조사비가 비용처리가 된다고 해서 거래처가 아닌, 사업과 관련 없는 사람들로부터 받은 청첩장이나 부고장까지 마구잡이로 모아서 처리하는 것은 굉장히 위험합니다. 세무대리인, 즉 세무사들은 모든 거래처의 거래 상대방을 알 수 없기 때문에 전달받는 대로 다 처리하게 되는데요. 만약 실제 거래처가 아닌 대상의 경조사비라는 것이 드러나면 종합소득세를 토해내야 하는 것은 물론, 가산세가 발생하거나 건강보험료까지 추가로 납부해야 할 수 있으니 주의하세요.

상품권과 기프티콘도 비용처리 가능할까?

언젠가부터 거래처에 선물을 보내거나 직원 복지 차원에서 선물이나 간식을 챙길 때 백화점 상품권과 기프티콘을 자주 활용하고 있습니다. 반대로 거래처나 지인들에게 받은 기프티콘이나 상품권을 거래처 혹은 직원과 미팅할 때 카페 등에서 사용하는 경우도 많아요. 이렇게 구입하거나 받은 상품권과 기프티콘도 비용처리가 가능할까요?

기프티콘은 결제수단 중 하나일 뿐이므로 선물 받은 기프티콘을 업무 관련 미팅을 할 때 사용했다면 비용처리가 가능합니다. 하지만 기프티콘 사용내역은 국세청에 자동으로 잡히지 않기 때문에 인정받으려면 적격증빙인 지출증빙용 현금영수증을 반드시 별도로 발급받아야 합니다.

직원 복지나 거래처 응대처럼 반복적으로 나가는 소액 지출일수록 증빙을 남기는 습관이 중요합니다. 적은 금액이라고 가볍게 넘기다 보면 연간 수십 건, 수백 건이 쌓였을 때 생각보다 큰 금액이 비용처리 대상에서 누락될 수 있습니다.

늘 기억하세요. "실제로 사업과 관련해 돈을 썼다면 반드시 증빙, 흔적을 남겨야 합니다." 절세의 기본 중 기본입니다. 편리해서 사용한 기프티콘이 세무상 '보이지 않는 지출'이 되지 않게 주의하세요.

거래처 선물이나 직원복지 차원으로 백화점 상품권을 구매해 선물하는 것 또한 비용처리가 가능합니다. 다만, 백화점 상품권은 국세청이 좋아하지 않는 지출항목입니다. 대표자가 백화점 상품권을 이용해 개인적으로 유용할 수 있는 가능성이 높기 때문입니다. 즉, 백화점 상품권을 구입한 후, 거래처나 직원에게 지급한 것으로 처리하고 대표자가 개인적으로 사용할 가능성이 있는 것이죠.

따라서 고객이나 거래처 선물로 백화점 상품권을 대량으로 구입하는 경우, 과세관청의 관심을 끌 수 있으니 유의해야 합니다. 진짜 직원에게 급여로, 거래처에게 기업 업무추진비로 지급했다고 해도 과세관청이 주의 깊게 살펴보게 된다면 비용처리에 있어 부담이 될 수 있습니다.

반면 기프티콘 구입은 백화점 상품권보다 자유로운 편입니다. 실제로 누가 누구에게 지급했는지 이력이 남기 때문입니다. 이때 기프티콘을 사업용 카드로 구입한다면 이 또한 비용처리가 가능합니다. 다만 직원 복리후생 목적으로 지급했다면 부가가치세 공제가 되고, 거래처 영업 목적으로 지급했다면 부가가치세 공제는 되지 않습니다.

주말에 거래처와 골프 치면 비용처리될까?

흔히들 주말에 쓰는 돈은 비용처리가 안 된다고 생각합니다. 하지만 잘못된 정보입니다. 주말에 쓰는 비용은 무조건 비용처리할 수 없다는 규정은 없어요. 앞서 설명했듯 사업과 관련된 경비라면 비용처리가 가능합니다. 평일이든 주말이든, 퇴근시간 이후든, 국내에서 쓴 내역이든, 국외에서 쓴 내역이든 상관없습니다. 사업하는 사람들이 모두 평일에만 일하고, 주말에는 근무하지 않는다고 일률적으로 정할 수 없기 때문입니다. 예를 들면, 카페나 헬스장을 운영하는 사업자들은 평일, 주말, 새벽, 저녁 관계없이 일을 합니다.

또 대표자 집 근처에서 사용한 내역은 비용처리하면 안 된다는 이야기도 있습니다. 이것 또한 마찬가지로 사업과 관련해 사용한 경비라면 비용처리 가능합니다. 물론 대표자의 집 근처에서 사용한 것이라면 장보기 등 개인적으로 사용한 경우가 많은 게 사실입니다. 그러나 어떤 경비든 일반화시켜서 절대 안 되는 것은 없습니다. 사업과 관련된 경비로 충분히 설명이 가능하다면 비용처리가 가능합니다.

또한 '골프는 사치'라는 인식 때문에 고객이나 거래처 담당자와 골프장에 간 비용 또한 비용처리가 안 된다고 생각하는데요. 그렇지 않습니다. 명품도 마찬가지입니다. 명품은 사치재이기 때문에 비용처리가 안 된다고 알고 있는 경우가 많은데요. 사치재이기 때문이 아닙니다. 명품 구입이 사업과 관련 있는 지출이라면 당연히 비용처리가 가능합니다. 심지어 명품을 매입해서 되팔거나, 직원에게 보너스로 주는 경우 부가가치세 공제까지 가능합니다. 주요 사업이 명품을 되파는 사업이라면 사업과 관련된 경비이기 때문이고, 직원에게 보너스로 주는 것도 사업과 관련된 경비이기 때문에 가능한 것이죠.

극단적인 예이지만, 고객에게 명품을 구입해서 전달한다면 이 또한 사업과 관련된 경비 중 접대비로 보고 비용처리가 가능합니다. 다만, 접대비는 연간 총 금액 한도를 정해두고 있기 때문에 한도 내에서 하는 거래관계 개선 행위, 즉 접대 행위만 가능합니다.

Part 06

법인 전환,

언제 하는 게 좋을까?

개인사업자와 법인사업자의 차이

처음 사업을 시작할 때 대부분의 사람들이 개인사업자로 사업을 시작합니다. 사업자등록 절차가 법인보다 쉽기도 하고, 관리와 운영도 개인사업자가 훨씬 자유롭기 때문입니다. 그래서 나와는 상관없는, 사업장 규모가 큰 경우에만 법인으로 사업자를 내는 것이라고 생각해요.

하지만 사업을 오래 지속하다 보면 법인사업자로 전환해야 하는 순간이 옵니다. 법인사업자로 전환하는 가장 대표적인 이유는 종합소득세 때문이에요. 매출액과 순이익이 커지면 누진세율 때문에 종합소득세 부담이 굉장히 커지니까요. 매출액 규모가 큰 회사 대표님들과 상담하다 보면, 세금 걱정 때문에 사업 키우기 무섭다는 얘기를 많이 합니다.

그동안 들어온 여러 소문이나 오해 때문에 법인으로는 절대 가지 않겠다는 개인사업자들도 있습니다. 그런 경우 사업을 더 키우지 않고 매출액을 적정 수준으로 유지하려는 계획을 세우게 돼요. 도대체 개인과 법인, 어떤 차이가 있어서 법인으로 전환하는 것을 두려워하는 것일까요? 설립부터 운영까지의 과정을 비교해 보겠습니다.

1. 설립절차

개인사업자는 집 주소로 사업자등록을 해도 가능한 경우가 있습니다. 하지만 법인사업자는 임대차계약서부터 법인 명의로 작성해야 하며, 법인 등기부등본을 발급받아야 합니다. 법인 등기부등본을 발급받으려면 자본금 설정, 임원 구성, 주주 구성, 사업 목적 등을 작성하고 준비해야 할 서류들도 많아요. 따라서 개인보다 법인 설립이 복잡하고, 설립에 따른 부대비용이 발생합니다.

2. 세율

개인사업자의 세율은 6~45%이며, 법인사업자의 세율은 10~20%(200억 원 이하)입니다. 당기순이익 2억 원을 기준으로 했을 때 개인의 종합소득세 세율은 38%인 것에 반해, 법인세 세율은

10%로 굉장히 낮은 편입니다.

법인세 세율(2026년 기준)

구분	각 사업연도 소득	
	과세표준	세율
영리법인	2억 이하	10%
	2억 초과 200억 이하	20%
	200억 초과 3,000억 이하	22%
	3,000억 초과	25%

3. 수익 현금화

개인사업자는 사업과 관련하여 발생한 소득, 즉 번 돈을 자유롭게 사용할 수 있습니다. 하지만 법인사업자는 법인에서 번 돈은 법인 돈이므로 대표자인 개인이 사용하려면 별도의 절차가 필요합니다. 법인 대표자도 급여를 설정해야 하고, 급여를 설정하기 위한 법적 절차도 진행해야 합니다. 개인보다는 다소 복잡한 편입니다.

4. 대표자 급여와 퇴직금 비용처리

개인사업자는 대표자의 급여와 퇴직금이 비용처리가 되지 않습니다. 개인사업자 대표의 급여는 사실상 따로 없고 종합소득세 신고 시 수익에서 비용을 차감한 당기순이익으로 수식이 결정되기 때문입니다. 또 퇴직금도 발생하지 않습니다.

반면 법인사업자는 대표자의 급여와 퇴직금이 비용처리가 됩니다. 그렇기 때문에 대표자의 급여를 별도로 설정해야 합니다. 이때 급여를 얼마로 설정하느냐에 따라 건강보험료도 조절이 가능합니다. 그러나 개인사업자는 급여를 설정할 수 없기 때문에 건강보험료 조절이 불가능합니다.

5. 수익금 배당 여부

개인사업자에게는 배당이라는 제도가 아예 존재하지 않습니다. 그러나 법인은 주주로 구성되어 있으므로 주식이란 것이 있어, 일정한 비율로 배당금을 지급할 수 있습니다. 따라서 법인은 급여나 배당을 어떻게 활용하느냐에 따라 개인 소득세를 조절할 수 있어요.

6. 사업상 채무에 대한 책임

개인사업자는 개인 명의이기 때문에 사업상 채무에 대해 무한책임을 져야 합니다. 그러나 일반적으로 주식회사로 분류되는 법인사업자의 주주는 출자한 금액만큼만 유한책임을 집니다. 단, 주주가 회사의 채무에 대해 별도로 보증을 하거나, 과점주주로서 세법상 제2차 납세의무가 발생하는 경우에는 예외적으로 책임이 확대될 수 있습니다.

7. 의사결정

개인사업자에서 '개인사업자 = 대표자 본인'입니다. 이사회나 주주총회가 별도로 구성되지 않으므로 의사결정이 자유롭습니다. 그러나 법인사업자는 법인이라는 별도의 인격체로 구성되기 때문에 의사결정을 할 때 이사회나 주주총회 결의가 필요합니다. 주주가 가족으로 구성된 가족 법인이거나 1인 주주로 구성된 법인이라고 하더라도 의사결정할 때는 적법한 절차를 따라야 해요.

구분	개인사업자	법인사업자
설립 절차	간단	복잡
세율	6%(1,400만 원) ~ 45%(10억 원)	10%(2억 원) ~ 20%(200억 원)
수익 현금화	자유로움	별도 절차 필요
대표자 급여 비용처리	불가능	가능
건강보험료 조절	불가능	가능
대표자 퇴직금 비용처리	불가능	가능
수익금 배당 여부	불가능	가능
사업상 채무	무한책임	유한책임
의사결정	자유로움	이사회, 주주총회

법인 대표는 종합소득세를 안 내도 될까?

법인사업자가 되면 법인세만 낸다고 생각하는 사람들이 많습니다. 그러나 개인사업자와 달리 대표자는 급여를 가져가므로 이를 신고해야 해요. 개인사업자는 수입금액에서 필요경비를 차감한 사업소득금액을 대표자의 연봉이라고 본다면, 법인사업자는 대표자의 급여를 별도로 산정하는 것이죠.

일반 근로자와 마찬가지로 4대보험 중 국민연금과 건강보험료를 공제하며(대표자는 고용보험과 산재보험은 가입하지 않음), 월 급여에 대한 소득세와 지방소득세를 원천징수하고 급여를 지급받습니다. 이때 원천징수하는 소득세가 바로 종합소득세인 것이죠. 즉, 법인사업자라고 해도 대표자는 근로소득으로 소득세를 납부합니다. 만약 법인의 대표자가 급여 외에 다른 소득이 있다면 이를 합산해 정산하기 위해 종합소득세 신고를 별도로 해야 합니다. 만약 근로소득만 있다면 근로소득 연말정산을 통해 마무리됩니다.

개인사업자가 법인으로 사업 양수도를 해 법인 전환을 하면, 오히려 세금을 더 많이 내고 있는 게 아닌가 생각하는 경향이 있습니다. 개인사업자일 때는 원천세 신고를 진행할 때 직원 급여에 대한 소득세와 지방소득세만 납부했는데요. 법인은 대표자의 급여 또한 원천세 신고를 하고, 이에 대한 소득세와 지방소득세를 납부합니다. 따라서 매월 더 많은 세금을 내게 되므로 세금이 오히려 늘었다고 생각하는 것이죠.

이때 세금은 정말 늘었을 수도 있고 아닐 수도 있습니다. 만약 개인사업자였을 때의 사업소득 금액만큼 법인 대표자의 연봉으로 책정했다면 오히려 세금이 늘었을 수 있습니다. 같은 금액이라고 해도 사업소득보다는 근로소득의 세금이 더 많이 나오기 때문입니다. 그래서 법인으로 전환해도 대표자는 소득세 걱정을 하게 됩니다.

개인사업자가 법인사업자로 전환하면, 전략적으로 급여를 산정하는 게 필요해요. 대표자 입장에서는 법인의 자금을 빨리 개인화하고 싶겠지만, 그럴 경우 절세가 되지 않으며, 법인으로 전환한 의미가 없습니다. 실제 필요한 정도로만 급여를 정하고 배당을 활용해 자금 출구 전략을 짜는 것이 좋습니다.

종합소득세란, 1년 동안 경제활동을 해서 벌어들인 소득을 정산하는 세금이라고 했습니다. 결국 법인의 대표자가 받은 급여 또한 종합소득세 바구니에 들어가기 때문에 종합소득세를 내야 합니다. 따라서 종합소득세에 대한 고민은 법인이 되어도 근본적으로는 없어지지 않아요.

개인사업자의 수입금액이 커지면 성실신고 확인 대상자로 분류될 수 있습니다. 국세청에서 수입금액이 큰 개인사업자는 따로 검토 및 관리를 하겠다는 것이죠. 모든 거래에 대한 장부와 세금 신고를 보다 투명하고 적법하게 하라는, 즉 개인이지만 법인처럼 관리하라는 뜻입니다. 그래서 매출이 커져 성실신고 확인 대상자가 되면 법인만큼 투명하게 관리해야 합니다.

또한 수입금액이 늘면 세금 부담도 커집니다. 개인사업자의 종합소득세 세율은 6%에서 45%까지 누진세율을 적용합니다. 여기에 지방소득세 10%까지 포함하면 세율은 6.6%에서 49.5%까지 적용될 수 있어요. 소득에 따라 국민연금, 건강보험료의 보수월액이 변동되어 국민연금과 건강보험료 금액도 변동됩니다. 다만 국민연금은 상한액이 있기 때문에 연 소득금액이 74,070,000원(2025년 기준)을 넘더라도 국민연금이 더 증가하지는 않습니다. 다시 말해 연 소득금액이 3억인 납세자와 1억인 납세자의 국민연금은 동일한 것이죠.

그러나 건강보험료는 다릅니다. 건강보험료는 사실상 상한액이 없기 때문에 소득금액이 증가할수록 부담이 증가해요. 건강보험료(장기요양보험료 포함) 요율은 약 8%이며, 소득이 늘수록 납부액도 그만큼 올라갑니다. 그렇기 때문에 개인사업자 종합소득세 예상세액을 계산할 때 소득세, 지방소득세뿐 아니라 건강보험료까지 고려해야 합니다. 국민연금은 추후 연금 수령연령이 되면 돌려받을 수 있지만 소득세, 지방소득세, 건강보험료는 납부하는 것으로 끝나기 때문입니다.

종합소득세(지방소득세 포함) 세율에 건강보험료 요율까지 포함하면, 대략적으로 세 부담률은 아래와 같습니다.

소득구간	소득세	지방소득세	건강보험요율	세 부담률
1,400만 원 이하	6%	0.60%	8%	**15%**
1,400만 원 초과~5,000만 원 이하	15%	1.50%	8%	**25%**
5,000만 원 초과~8,800만 원 이하	24%	2.40%	8%	**34%**

8,800만 원 초과~1억 5,000만 원 이하	35%	3.50%	8%	**47%**
1억 5,000만 원 초과~3억 원 이하	38%	3.80%	8%	**50%**
3억 원 초과 ~ 5억 원 이하	40%	4.00%	8%	**52%**
5억 원 초과 ~ 10억 원 이하	42%	4.20%	8%	**54%**
10억 원 초과	45%	4.50%	8%	**58%**

위 표에서 보면 개인사업자 소득이 1억 5천만 원만 되더라도 소득세, 지방소득세, 건강보험료까지 고려하면 소득의 47~50%를 세금으로 납부해야 한다는 것을 알 수 있습니다. 개인사업자 소득이 1억 5천만 원을 넘으면 나라와 공동사업을 하는 것이나 다름없다고 우스갯소리를 하는 이유입니다. 소득이 이 정도가 되면 본격적으로 법인으로의 사업구조 변경을 고려해 보아야 합니다.

법인의 경우는 법인소득에서 대표자의 연봉을 차감한 것이 법인의 최종 소득입니다. 법인 대표자의 연봉을 1억 5천만 원으로 정한다면 50%의 세 부담에 큰 차이가 없습니다. 개인사업자일 때의 소득보다 낮게 연봉을 책정해야 법인으로 전환했을 때의 세 부담 절감 효과를 볼 수 있습니다. 그래서 소득의 50% 이상을 세금과 건강보험료로 한 번 납부하고 나면 울며 겨자 먹기로 법인으로 사업 구조를 변경하는 경우가 많습니다.

법인은 자금 인출도 어렵고, 특수관계자 간의 거래도 개인보다 엄격합니다. 법인 거래에 대해 증빙을 잘 구비하지 않으면 가산세는 물론이고, 법인 세금뿐만 아니라 대표자 개인의 종합소득세까지 폭탄을 맞을 수 있어요. 그럼에도 법인으로 갈 수 밖에 없는 가장 큰 이유가 개인사업자의 높은 세율 때문입니다.

사업자의 목표가 사업을 단기에 키워서 사업 자금을 개인화하는 것이라면 세 부담이 50% 이상 되더라도 개인사업자로 유지하는 것이 유리할 수 있습니다. 하지만, 장기적으로 사업을 키워서 가족사업화한다거나, 추후 사업매각을 고려한다면 불편을 감수하고 법인으로 사업 구조를 전환하는 것이 유리합니다. 월급을 받던 근로자에서 1인 개인사업자로, 1인 개인사업자에서 직원을 고용해 사업을 키우다 보면, 법인으로 가게 되는 것은 자연스러운 수순입니다.

Tip 🔍 법인 전환했더니 매출액이 증가했다?

얼마 전 법인 전환 관련 강의 자료를 준비하다가 재밌는 사실을 발견했습니다. 실제 법인으로 전환한 고객사 중 3개의 업체 사례를 분석해 보았는데요. 신기하게도 3개 업체 모두 법인으로 전환한 뒤 3년간 매출액이 증가했더군요. 개인사업자일 때는 출렁이던 매출액이 법인으로 바꾼 후 꾸준히 상승하고 있다는 점이 굉장히 신기했습니다. 그래서 이유가 뭘까 생각해 보았습니다. 물론 정답은 없지만 몇 가지 정리해 볼게요.

첫 번째, 법인 전환을 한 후 더 이상 세금 걱정을 하지 않기 때문입니다. 개인사업체를 운영하다 보면 연말마다, 그리고 종합소득세를 납부하는 5월마다 세금 걱정을 하는 사업자들이 많습니다. 그러나 법인 전환을 하면 이러한 세금 걱정이 현저히 줄어듭니다. 그래서 세금 걱정을 하며 보냈던 시간과 에너지를 사업 확장에 오롯이 쏟을 수 있게 된 것이 매출액 증가로 이어진 게 아닐까 생각합니다.

두 번째, 세금으로 새나갈 돈이 재투자되어 법인 매출을 증가시킨 것입니다. 3개의 업체는 법인 전환을 하면서 무려 1년에 1억 원 이상, 누적 3년간 3억 원 이상의 세금이 절감되었습니다. 종합소득세로 내던 세금이 현저히 줄면서 광고나 설비투자 등 재투자를 할 자금 여력이 생긴 것이죠.

다시 말해, 세금 걱정 때문에 사업확장을 주저하던 사업자들이 법인으로 변경하면서 세금 걱정은 덜어내고 사업에만 매진할 수 있는 환경이 만들어진 것이 매출액 증가라는 결과를 만든 것 같습니다.

법인 돈, 합법적으로 개인 자금화하는 방법

개인사업자들이 법인 전환을 꺼리는 가장 큰 이유는 바로 법인 돈을 자유롭게 쓸 수 없기 때문일 겁니다. 법인으로 사업을 운영하는 경우, 사업소득은 모두 법인으로 귀속됩니다. 즉, 법인의 사업으로 벌어들인 소득이니 내 돈이 아니라 법인 돈인 것이죠. 아무리 법인의 대표자라고 하더라도, 혹은 법인 주식을 100% 소유한 주주라고 하더라도 법인소득을 마음대로 출금할 수는 없어요.

그래서 법인 돈을 개인으로 출금하려면 전략적으로 출구 전략을 짜야 합니다. 여기서는 합법적으로 개인 자금화하는 방법 몇 가지를 소개합니다.

1. 급여를 활용하는 방법

법인 대표자는 기본적으로 급여와 상여를 통해 자금을 인출할 수 있습니다. 대표자 입장에서 연봉을 높게 책정해 급여를 많이 출금하면 개인 자금을 많이 확보할 수 있으니 좋겠지요. 그러나 소득세와 4대보험료도 많이 나온다는 것을 잊지 마세요. 개인으로 사업할 때와 세금을 비교했을 때 큰 차이가 없습니다. 그러므로 개인 생활비 등을 고려해 적정 수준으로 급여를 책정하는 게 좋습니다. 다만 법인의 장점은 소득의 귀속시기를 조절할 수 있다는 점입니다. 이를 잘 활용해 급여 설정을 하세요.

2. 배당을 활용하는 방법

개인의 금융소득은 2,000만 원까지 14%의 세율로 분리과세하고 초과하면 종합과세가 됩니다. 분리과세란, 종합과세하지 않는다, 즉 다른 소득과 합산해 계산하지 않는다는 뜻입니다. 분리과세할 경우 누진세율이 적용되지 않으므로, 금융소득에 해당하는 배당을 활용하는 방법이 있습니다. 법인의 주주를 어떻게 구성하느냐에 따라 배당으로 출금할 수 있는 금액이 달라지는데요. 만약, 1인 주주로 법인의 주식을 100% 소유했다면 2,000만 원까지 14% 세율로 출금할 수 있습니다. 그런데 배우자를 주주로 포함해 대표자 50%, 배우자 50%로 주식을 소유했다면, 각각 2,000만 원씩,

즉 4,000만 원을 14%의 세율로 출금할 수 있어요. 이렇게 가족 주주를 활용하면 배당을 통한 절세 효과를 볼 수 있는 것이죠. 대부분의 비상장 법인이 가족법인인 이유입니다.

3. 무형자산을 활용하는 방법

개인사업자에서 법인사업자로 전환한 경우라면 영업권 등의 무형자산을 통해 자금 인출 전략을 세울 수 있습니다. 법인 전환이란 개인사업자가 운영하던 사업을 법인에 매각하는 형태입니다. 사업을 매각할 때, 해당 사업에 대한 영업권을 평가해 법인에게 영업권을 포함해 넘기고, 개인사업자의 대표자는 영업권에 대한 대금을 받게 됩니다. 이때 영업권 등 무형자산을 양도하면 양도대금의 60%를 필요경비로 인정해 줍니다.

예를 들면, 영업권이 5억 원으로 평가됐다고 가정해 볼까요. 5억 원에 대해 세금을 계산하는 것이 아니라 5억 원에서 60%를 차감한 40%, 즉 2억 원에 대해서만 세금을 계산하는 것이죠. 5억 원을 개인화하는데 2억 원에 대한 세금만 납부한 것이니 3억 원에 대한 세금이 절감되는 것입니다.

4. 퇴직금을 활용하는 방법

개인사업자 대표는 퇴직금이 비용처리가 되지 않습니다. 사실

퇴직이라는 말 자체가 성립이 되지 않기도 하고요. 이에 반해 법인 대표자는 퇴직금이 발생하고 비용처리도 가능합니다.

제가 생각하는 법인사업자의 가장 큰 장점은 안정적인 현금 흐름입니다. 법인의 세금도 안정적이고, 대표자가 매월 급여를 가져가기 때문에 개인의 생활 측면에서도 안정적입니다. 또한 대표가 퇴직하고 싶을 때 퇴직금을 활용해 목돈을 출금할 수 있다는 것도 굉장한 장점입니다. 대표자가 받는 퇴직금은 퇴직소득이라고 부르며, 이는 종합소득에 합산 과세되지 않습니다. 분류과세라고 해서 별도로 계산합니다. 따라서 목돈이 한 번에 과세되긴 하지만 소득세 부담이 크지 않으며, 4대보험도 발생하지 않습니다.

따라서 대표자가 퇴직하고 싶을 때, 혹은 사업을 정리하고자 할 때, 퇴직금은 장기적으로 목돈을 출금할 수 있는 좋은 전략이 될 수 있습니다.

Tip 　　　　　　　　　**법인을 운영할 때 유의해야 할 점**

많은 사람들이 법인을 운영하는 데 두려움을 갖고 있습니다. 저는 법인 상담을 할 때 딱 한 가지만 잘 관리하면 된다고 말합니다. 바로 법인계좌예요. 법인 계좌관리만 제대로 한다면, 법인에 대한 막연한 두려움은 모두 해결할 수 있어요.

그렇다면 법인 계좌관리는 어떻게 해야 할까요? 어렵지 않습니다. 법인계좌로 입금된 내역, 법인계좌에서 출금된 내역을 잘 정리하면 됩니다. 법인계좌에 입금된 내역이 매출인지, 아니면 대표자가 법인에 자금이 부족해 빌려준 것인지 확인하는 것이죠. 또 법인계좌에서 출금된 내역이 어떤 비용인지, 이 비용에 대한 증빙은 어떤 것인지, 만약 대표자가 법인 돈을 빌려갔다면 제대로 차용증은 작성했는지 잘 정리해 두세요. 이 정도만 해도 법인계좌를 잘못 관리해서 문제될 일은 없습니다.

특히 비용에 대한 증빙 구비는 법인 계좌관리뿐만 아니라, 부가가치세와 법인세 신고를 위해서도 꼭 필요한 기본 사항입니다. 오히려 법인사업자로 관리하면 증빙 없이 인출되는 자금을 쉽게 찾아낼 수 있어 비용이 누락되는 경우나 직원의 횡령도 쉽게 발견할 수 있어요.

법인이라고 해서 특별하고 어려운 관리법이 있는 것이 아닙니다. 개인과 마찬가지로 적격증빙을 잘 구비하고, 한 달에 한 번 정도 법인계좌 입출금 내역을 잘 메모해 두는 것만으로도 관리는 충분히 가능합니다.

연간 세무 / 노무 일정

1월

1월 10일 : 원천세 신고 및 납부, 4대보험 납부기한

1월 15일 : 고용, 산재 근로내용 확인신고

1월 25일 : 2기 확정 부가가치세 신고 및 납부(7.1~12.31 귀속분)

1월 31일 : 간이 지급명세서 제출기한(거주자의 사업소득, 기타소득, 상용/일용 근로소득)

2월

2월 10일 : 원천세 신고 및 납부, 4대보험 납부기한, 면세사업자 사업장현황신고

2월 15일 : 고용, 산재 근로내용 확인신고

2월 28일 : 간이 지급명세서 제출기한(거주자의 사업소득, 기타소득, 상용/일용 근로소득), 정기 지급명세서 제출기한(근로·퇴직·연금계좌·사업·종교인 소득 제외)

3월

3월 10일 : 원천세 신고 및 납부, 4대보험 납부기한, 근로·퇴직·연금계좌·사업·종교인 소득 지급명세서 제출기한

3월 15일 : 고용, 산재 근로내용 확인신고

3월 31일 : 간이 지급명세서 제출기한(거주자의 사업소득, 기타소득, 상용/일용 근로소득), 12월 말 결산법인 법인세 신고 납부

4월

4월 10일 : 원천세 신고 및 납부, 4대보험 납부기한

4월 15일 : 고용, 산재 근로내용 확인신고

4월 25일 : 1기 예정 부가가치세 신고 및 납부, 부가가치세 예정고지 납부

4월 30일 : 간이 지급명세서 제출기한(거주자의 사업소득, 기타소득, 상용/일용 근로소득)

5월

5월 10일 : 원천세 신고 및 납부, 4대보험 납부기한

5월 15일 : 고용, 산재 근로내용 확인신고

5월 31일 : 간이 지급명세서 제출기한(거주자의 사업소득, 기타소득, 상용/일용 근로소득), 종합소득세 확정신고 및 납부

6월

6월 10일 : 원천세 신고 및 납부, 4대보험 납부기한

6월 15일 : 고용, 산재 근로내용 확인신고

6월 30일 : 간이 지급명세서 제출기한(거주자의 사업소득, 기타소득, 상용/일용 근로소득), 종합소득세 확정신고 및 납부(성실신고 대상자)

7월

7월 10일 : 원천세 신고 및 납부, 4대보험 납부기한

7월 15일 : 고용, 산재 근로내용 확인신고

7월 25일 : 1기 확정 부가가치세 신고 및 납부

7월 31일 : 간이 지급명세서 제출기한(거주자의 사업소득, 기타소득, 상용/일용 근로소득)

8월

8월 10일 : 원천세 신고 및 납부, 4대보험 납부기한

8월 15일 : 고용, 산재 근로내용 확인신고

8월 31일 : 간이 지급명세서 제출기한(거주자의 사업소득, 기타소득, 상용/일용 근로소득), 12월
　　　　　 말 결산법인 법인세 중간예납

9월

9월 10일 : 원천세 신고 및 납부, 4대보험 납부기한

9월 15일 : 고용, 산재 근로내용 확인신고

9월 30일 : 간이 지급명세서 제출기한(거주자의 사업소득, 기타소득, 상용/일용 근로소득)

10월

10월 10일 : 원천세 신고 및 납부, 4대보험 납부기한

10월 15일 : 고용, 산재 근로내용 확인신고

10월 25일 : 2기 예정 부가가치세 신고 및 납부, 부가가치세 예정고지 납부

10월 31일 : 간이 지급명세서 제출기한(거주자의 사업소득, 기타소득, 상용/일용 근로소득)

11월

11월 10일 : 원천세 신고 및 납부, 4대보험 납부기한

11월 15일 : 고용, 산재 근로내용 확인신고

11월 30일 : 간이 지급명세서 제출기한(거주자의 사업소득, 기타소득, 상용/일용 근로소득),
　　　　　　 소득세 중간예납 납부, 추계액 신고 납부

12월

12월 10일 : 원천세 신고 및 납부, 4대보험 납부기한

12월 15일 : 고용, 산재 근로내용 확인신고

12월 31일 : 간이 지급명세서 제출기한(거주자의 사업소득, 기타소득, 상용/일용 근로소득)

현금영수증 의무발행업종

(제210조의 3 제1항 제4호 및 같은 조 제11항 관련)

구분	업종
1. 사업서비스업	가. 변호사업 나. 공인회계사업 다. 세무사업 라. 변리사업 마. 건축사업 바. 법무사업 사. 심판변론인업 아. 경영지도사업 자. 기술지도사 차. 감정평가사업 카. 손해사정인업 타. 통관업 파. 기술사업 하. 측량사업 거. 공인노무사업 너. 행정사업
2. 보건업	가. 종합병원 나. 일반병원 다. 치과병원 라. 한방병원 마. 요양병원 바. 일반의원(일반과, 내과, 소아청소년과, 일반외과, 정형외과, 신경과, 정신건강의학과, 피부과, 비뇨의학과, 안과, 이비인후과, 산부인과, 방사선과 및 성형외과)

2. 보건업	사. 기타의원(마취통증의학과, 결핵과, 가정의학과, 재활의학과 등 달리 분류되지 않은 병과) 아. 치과의원 자. 한의원 차. 수의업 카. 앰뷸런스 서비스업(2024.2.29 신설)
3. 숙박 및 음식점업	가. 일반유흥 주점업(「식품위생법 시행령」 제21조 제8호 다목에 따른 단란주점영업을 포함한다) 나. 무도유흥 주점업 다. 일반 및 생활 숙박시설운영업 라. 출장 음식 서비스업 마. 기숙사 및 고시원 운영업(고시원 운영업으로 한정한다) 바. 숙박공유업
4. 교육 서비스업	가. 일반 교습 학원 나. 예술 학원 다. 외국어학원 및 기타 교습학원 라. 운전학원 마. 태권도 및 무술 교육기관 바. 기타 스포츠 교육기관 사. 기타 교육지원 서비스업 아. 청소년 수련시설 운영업(교육목적용으로 한정한다) 자. 기타 기술 및 직업훈련학원 차. 컴퓨터 학원 카. 그 외 기타 교육기관
5. 그 밖의 업종	가. 골프장 운영업 나. 골프 연습장 운영업 다. 장례식장 및 장의 관련 서비스업 라. 예식장업 마. 부동산 중개 및 대리업 바. 부동산 투자 자문업 사. 산후 조리원 아. 시계 및 귀금속 소매업 자. 피부 미용업 차. 손·발톱 관리 미용업 등 기타 미용업 카. 비만 관리 센터 등 기타 신체 관리 서비스업 타. 마사지업(발 마사지업 및 스포츠 마사지업으로 한정한다) 파. 실내건축 및 건축마무리 공사업(도배업만 영위하는 경우는 제외한다) 하. 인물 사진 및 행사용 영상 촬영업 거. 결혼 상담 및 준비 서비스업 너. 의류 임대업

	더. 「화물자동차 운수사업법」 제2조 제4호에 따른 화물자동차 운송주선사업(이사화물에 관한 운송주선사업으로 한정한다) 러. 자동차 부품 및 내장품 판매업 머. 자동차 종합 수리업 버. 자동차 전문 수리업 서. 전세버스 운송업 어. 가구 소매업 저. 전기용품 및 조명장치 소매업 처. 의료용 기구 소매업 커. 페인트, 창호 및 기타 건설자재 소매업 터. 주방용품 및 가정용 유리, 요업 제품 소매업 퍼. 안경 및 렌즈 소매업 허. 운동 및 경기용품 소매업 고. 예술품 및 골동품 소매업 노. 중고자동차 소매업 및 중개업 도. 악기 소매업 로. 자전거 및 기타 운송장비 소매업 모. 체력단련시설 운영업 보. 화장터 운영, 묘지 분양 및 관리업(묘지 분양 및 관리업으로 한정한다)
5. 그 밖의 업종	소. 특수여객자동차 운송업 오. 가전제품 소매업 조. 의약품 및 의료용품 소매업 초. 독서실 운영업(스터디카페를 포함한다)(2024.2.29 개정) 코. 두발 미용업 토. 철물 및 난방용구 소매업 포. 신발 소매업 호. 애완용 동물 및 관련용품 소매업 구. 의복 소매업 누. 컴퓨터 및 주변장치, 소프트웨어 소매업 두. 통신기기 소매업 루. 건강보조식품 소매업 무. 자동차 세차업 부. 벽지, 마루덮개 및 장판류 소매업 수. 공구 소매업 우. 가방 및 기타 가죽제품 소매업 주. 중고가구 소매업 추. 사진기 및 사진용품 소매업 쿠. 모터사이클 수리업 투. 가전제품 수리업 푸. 가정용 직물제품 소매업 후. 가죽, 가방 및 신발 수리업 그. 게임용구, 인형 및 장난감 소매업 느. 구두류 제조업

5. 그 밖의 업종	드. 남자용 겉옷 제조업 르. 여자용 겉옷 제조업 므. 모터사이클 및 부품 소매업(부품 판매업으로 한정한다) 브. 시계, 귀금속 및 악기 수리업 스. 운송장비용 주유소 운영업 으. 의복 및 기타 가정용 직물제품 수리업 즈. 중고 가전제품 및 통신장비 소매업 츠. 백화점 크. 대형마트 트. 체인화편의점 프. 기타 대형 종합소매업 흐. 서적, 신문 및 잡지류 소매업 기. 곡물, 곡분 및 가축사료 소매업 니. 육류 소매업 디. 자동차 중개업 리. 주차장 운영업 미. 여객 자동차 터미널 운영업 비. 통신장비 수리업 시. 보일러수리 등 기타 가정용품 수리업 이. 컴퓨터 및 주변 기기 수리업(2024.2.29 신설) 지. 의복 액세서리 및 모조 장신구 소매업(2024.2.29 신설) 치. 여행사업(2024.2.29 신설) 키. 기타 여행보조 및 예약 서비스업(2024.2.29 신설) 티. 실내 경기장 운영업(2024.2.29 신설) 피. 실외 경기장 운영업(2024.2.29 신설) 히. 스키장 운영업(2024.2.29 신설) 갸. 종합 스포츠시설 운영업(2024.2.29 신설) 냐. 수영장 운영업(2024.2.29 신설) 댜. 볼링장 운영업(2024.2.29 신설) 랴. 스쿼시장 등 그 외 기타 스포츠시설 운영업(2024.2.29 신설) 먀. 애완동물 장묘 및 보호 서비스업(2024.2.29 신설) 뱌. 기념품, 관광 민예품 및 장식용품 소매업(2025.2.28 신설) 샤. 사진 처리업(2025.2.28 신설) 야. 낚시장 운영업(2025.2.28 신설) 쟈. 기타 수상오락 서비스업(2025.2.28 신설)
6. 통신판매업 (제1호부터 제5호에서 정한 업종에서 사업자가 공급하는 재화 또는 용역을 공급하는 경우로 한정한다)	가. 전자상거래 소매업 나. 전자상거래 소매 중개업 다. 기타 통신 판매업

※ 비고 : 업종의 구분은 위 표에서 특별히 규정하는 업종을 제외하고는 한국표준산업분류를 기준으로 한다.

지역보험료 부과요소 및 점수표(2025년)

■ 소득정률제 도입 및 소득점수 폐지(2024년 5월부터 적용, 법 제69조, 제71조 참고)

※ 소득월액 28만 원 이하(연소득 336만 원) : 월별 보험료 하한액 적용(19,780원)

건강보험료(❶+❷)	산 정 방 식
소득월액보험료 ❶	소득월액(연 소득 ÷ 12개월) × 보험료율(7.19%)
재산보험료 ❷	재산보험료 부과점수 × 점수당 금액(211.5원)
장기요양보험료	건강보험료 × (장기요양보험료율(0.9448%) ÷ 건강보험료율(7.19%))

■ 재산등급별 점수표(2024년 2월부터 기본공제 1억 원 적용)

등급	재산금액(만 원) 초과~이하	점수	등급	재산금액(만 원) 초과~이하	점수
1	450 이하	22	31	38,800 ~ 43,200	757
2	450 ~ 900	44	32	43,200 ~ 48,100	785
3	900 ~ 1,350	66	33	48,100 ~ 53,600	812
4	1,350 ~ 1,800	97	34	53,600 ~ 59,700	841
5	1,800 ~ 2,250	122	35	59,700 ~ 66,500	881
6	2,250 ~ 2,700	146	36	66,500 ~ 74,000	921
7	2,700 ~ 3,150	171	37	74,000 ~ 82,400	961

8	3,150 ~ 3,600	195	38	82,400 ~ 91,800	1,001
9	3,600 ~ 4,050	219	39	91,800 ~ 103,000	1,041
10	4,050 ~ 4,500	244	40	103,000 ~ 114,000	1,091
11	4,500 ~ 5,020	268	41	114,000 ~ 127,000	1,141
12	5,020 ~ 5,590	294	42	127,000 ~ 142,000	1,191
13	5,590 ~ 6,220	320	43	142,000 ~ 158,000	1,241
14	6,220 ~ 6,930	344	44	158,000 ~ 176,000	1,291
15	6,930 ~ 7,710	365	45	176,000 ~ 196,000	1,341
16	7,710 ~ 8,590	386	46	196,000 ~ 218,000	1,391
17	8,590 ~ 9,570	412	47	218,000 ~ 242,000	1,451
18	9,570 ~ 10,700	439	48	242,000 ~ 270,000	1,511
19	10,700 ~ 11,900	465	49	270,000 ~ 300,000	1,571
20	11,900 ~ 13,300	490	50	300,000 ~ 330,000	1,641
21	13,300 ~ 14,800	516	51	330,000 ~ 363,000	1,711
22	14,800 ~ 16,400	535	52	363,000 ~ 399,300	1,781
23	16,400 ~ 18,300	559	53	399,300 ~ 439,230	1,851
24	18,300 ~ 20,400	586	54	439,230 ~ 483,153	1,921
25	20,400 ~ 22,700	611	55	483,153 ~ 531,468	1,991
26	22,700 ~ 25,300	637	56	531,468 ~ 584,615	2,061
27	25,300 ~ 28,100	659	57	584,615 ~ 643,077	2,131
28	28,100 ~ 31,300	681	58	643,077 ~ 707,385	2,201
29	31,300 ~ 34,900	706	59	707,385 ~ 778,124	2,271
30	34,900 ~ 38,800	731	60	778,124 초과	2,341

※ 주의 사항 ● 재산공제 후 재산금액이 0원일 경우 평가점수 0점

■ 연도별 건강보험료 상·하한 금액

(단위 : 원)

구분	보수월액		보수 외 소득월액		지역보험료	
	상한	하한	상한	하한	상한	하한
2025년	9,008,340 (가입자 4,504,170)	19,780 (가입자 9,890)	4,504,170	2,000	4,504,170	19,780

■ 연도별 건강보험료 부과점수당 금액·인상률·장기요양보험료율

(단위 : 원, %)

연도	2011	2012	2013	2014	2015	2016	2017	2018	2019	2020	2021	2022	2023	2024	2025
(지역) 점수당 금액	165.4	170.0	172.7	175.6	178.0	179.6	179.6	183.3	189.7	195.8	201.5	205.3	208.4	208.4	208.4
(직장) 보험료율	5.64	5.80	5.89	5.99	6.07	6.12	6.12	6.24	6.46	6.67	6.86	6.99	7.09	7.09	7.09
인 상 률	5.9	2.8	1.6	1.7	1.35	0.9	0	2.04	3.49	3.2	2.89	1.89	1.49	0	0
장기요양 보험료율	6.55	6.55	6.55	6.55	6.55	6.55	6.55	7.38	8.51	10.25	11.52	12.27	0.9082	0.9182	0.9182

※ 주의사항 ◉ 2023년도부터 장기요양보험료 계산식 변경 : 건강보험료 × (장기요양보험료율 ÷ 건강보험료율)

※ 2025년 장기요양보험료 = 건강보험료 × (장기요양보험료율(0.9182%) ÷ 건강보험료율(7.09%))

세금 일타강사 소은쌤의
돈 버는 세금 공부

초판 1쇄 발행 2026년 2월 12일
초판 2쇄 발행 2026년 4월 1일

지은이	김소은

펴낸이	한선화
디자인	정정은
마케팅	김혜진

펴낸곳	앤의서재
주소	서울 마포구 동교로 27길 53번지 209호
이메일	annesstudyroom@naver.com
인스타그램	@annes.library

ISBN 979-11-94877-19-6   03320